Korte Verhalen in het Zweeds

Korte verhalen in Zweeds voor beginners en gevorderden

Anders Nilsson

Inhoud

Inleiding

Lezen in een vreemde taal is een van de meest effectieve manieren om uw taalvaardigheid te verbeteren en uw woordenschat uit te breiden. Toch kan het soms moeilijk zijn om boeiend leesmateriaal op een geschikt niveau te vinden dat een gevoel van prestatie en vooruitgang geeft. De meeste boeken en artikelen die voor moedertaalsprekers zijn geschreven, kunnen te lang zijn en moeilijk te begrijpen, of kunnen een woordenschat op zeer hoog niveau hebben, zodat u zich overweldigd voelt en het opgeeft. Als deze problemen bekend klinken, dan is dit boek iets voor jou!

Korte Verhalen in het Zweeds is een verzameling van 25 onconventionele en onderhoudende korte verhalen die zijn ontworpen om beginnende tot gemiddeld niveau Zweeds lerenden te helpen hun taalvaardigheden te verbeteren.

Deze korte verhalen creëren een ondersteunende leesomgeving door het opnemen van:

- Rijke taalkundige inhoud in verschillende genres om u te vermaken en u bloot te stellen aan een verscheidenheid van woordvormen.
- Kortere verhalen in hoofdstukken om u de voldoening te geven verhalen af te maken en snel vooruitgang te boeken.
- Teksten die op uw niveau geschreven zijn, zodat ze gemakkelijker te begrijpen zijn en niet overweldigend.
- Nederlandse vertaling op wisselende pagina's, zodat u er regel voor regel direct naar kunt verwijzen terwijl u het Zweeds verhaal leest.
- De belangrijkste woordenschat staat vetgedrukt in

het hele verhaal en de vertaling, zodat u onbekende woorden gemakkelijker kunt begrijpen.
* Begrijpelijke vragen om uw begrip van belangrijke gebeurtenissen te testen en om u aan te moedigen meer in detail te lezen.

Dus of u nu uw woordenschat wilt uitbreiden, uw begrip wilt verbeteren of gewoon voor uw plezier wilt lezen, dit boek is de grootste stap voorwaarts die u dit jaar in uw studie zult maken. Korte Verhalen in het Zweeds geeft u alle steun die u nodig hebt, dus leun achterover, ontspan, en laat uw fantasie de vrije loop terwijl u wordt meegevoerd naar een magische wereld van avontuur, mysterie en intrige - in het Zweeds!

Hoe dit boek te gebruiken

Lezen is een moeilijk talent om onder de knie te krijgen. We gebruiken een reeks microvaardigheden om ons te helpen lezen in onze moedertaal. We kunnen bijvoorbeeld een passage doornemen om een globaal idee te krijgen van waar het over gaat. Of we kammen een groot aantal bladzijden van een treindienstregeling door op zoek naar een specifieke tijd of plaats. Terwijl deze microvaardigheden een tweede natuur zijn bij het lezen in onze moedertaal, blijkt uit onderzoek dat we de meeste ervan vaak vergeten bij het lezen in een vreemde taal. Wanneer we een vreemde taal leren, beginnen we gewoonlijk bij het begin van een tekst en werken we ons een weg door de tekst, waarbij we elk woord proberen te begrijpen. Onvermijdelijk komen we onbekende of ingewikkelde termen tegen en raken we geïrriteerd door ons onvermogen om ze te begrijpen.

Een van de grootste voordelen van het lezen in een vreemde taal is dat je wordt blootgesteld aan een groot aantal zinnen en uitdrukkingen die in alledaagse situaties worden gebruikt. Extensief lezen is een term die wordt gebruikt om het lezen voor plezier aan te duiden om een taal te leren. Het is niet zoals het lezen van een tekstboek, wanneer gesprekken of teksten zijn ontworpen om langzaam en zorgvuldig te worden gelezen met het doel om elk woord te begrijpen. "Intensief lezen" verwijst naar lezen dat wordt gedaan om specifieke leerdoelen te bereiken of taken te voltooien. Anders gezegd, intensief lezen in tekstboeken helpt meestal bij het leren van grammaticaregels en bepaalde woordenschat, maar extensief lezen van verhalen helpt bij het leren van natuurlijke taal.

Korte Verhalen in het Zweeds biedt u de mogelijkheid om meer te leren over natuurlijk Zweeds taalgebruik, ook al bent u uw taalleertocht misschien begonnen met uitsluitend tekstboeken. Hier zijn een paar tips om in gedachten te houden als u de verhalen in dit boek leest om er het meeste uit te halen: Als het op lezen aankomt, zijn plezier en een gevoel van vervulling van cruciaal belang. Je blijft terugkomen voor meer omdat je geniet van wat je aan het lezen bent. Elk verhaal van begin tot eind lezen is de beste methode om plezier te beleven aan het lezen van verhalen en je volbracht te voelen. Het belangrijkste is dan ook om het einde van een verhaal te halen. Dat is eigenlijk nog belangrijker dan elk woord te kennen.

Hoe meer je leest, hoe meer kennis je zult opdoen. U zult snel een kennis hebben van hoe Zweeds werkt als u grotere boeken leest voor uw plezier. Bedenk echter wel dat u, om ten volle van de voordelen van extensief lezen te kunnen profiteren, eerst een voldoende omvangrijk boek moet lezen. Door hier en daar een paar bladzijden te lezen leert u misschien een paar nieuwe woorden, maar het zal geen significant verschil maken in uw algehele niveau van Zweeds.

Accepteer dat je niet alles zult begrijpen van wat je in een roman leest. Dit is, zonder twijfel, het meest cruciale punt! Onthoud altijd dat het volkomen aanvaardbaar is dat u niet alle woorden of zinnen begrijpt. Het betekent niet dat je taalvaardigheden ontoereikend zijn of dat je slecht presteert. Het geeft aan dat u actief betrokken bent bij het leerproces.

Leesgids

Om het meeste uit het lezen van Korte Verhalen in het Zweeds te halen, kunt u het beste dit eenvoudige leesproces in zes stappen volgen voor elk hoofdstuk van de verhalen:

1. Lees de titel van het hoofdstuk. Denk na over waar het verhaal over zou kunnen gaan. Lees dan het verhaal helemaal door. Uw doel is gewoon het einde van het verhaal te bereiken. Stop daarom niet om woorden op te zoeken en maak u geen zorgen als er dingen zijn die u niet begrijpt. Probeer gewoon de plot te volgen.

2. Wanneer u het einde van het verhaal hebt bereikt, scant u de Nederlandse vertaling om te zien of u hebt begrepen wat er is gebeurd en pikt u alle context op die u misschien hebt gemist.

3. Ga terug en lees hetzelfde verhaal opnieuw. Als u wilt, kunt u zich meer op de details van het verhaal concentreren, maar anders leest u het gewoon nog een keer door.

4. Werk vervolgens door de begripsvragen in Zweeds om te controleren of u de belangrijkste gebeurtenissen in het verhaal begrijpt. Als u de vragen niet helemaal begrijpt, hoeft u zich geen zorgen te maken. Gebruik uw kennis om zo goed mogelijk te antwoorden.

5. Op dit punt moet u de belangrijkste gebeurtenissen van het hoofdstuk enigszins begrijpen. Als dat niet het geval is, kunt u het hoofdstuk een paar keer herlezen, waarbij u de vertaling gebruikt om onbekende woorden en zinnen te controleren, totdat u zich zeker voelt.

Zodra u klaar bent en zeker weet dat u begrijpt wat er is gebeurd - of dat nu na één lezing van het verhaal is of na meerdere - gaat u verder met het volgende verhaal en geniet u verder van het verhaal in uw eigen tempo, net zoals u van elk ander boek zou genieten.

Pas als u een verhaal in zijn geheel hebt uitgelezen, moet u overwegen terug te gaan en de verhaaltaal desgewenst verder uit te diepen. Of in plaats van u zorgen te maken of u alles begrijpt, de tijd te nemen om u te concentreren op alles wat u hebt begrepen en uzelf te feliciteren met alles wat u hebt gedaan.

Korte Verhalen

in het Zweeds

Skidåkning

Snön föll mjukt när jag tog mig ner för berget och snittade lätt genom pulvret. Solen tittade precis över **horisonten och** kastade ett rosa och orange sken över himlen. Det skulle bli en vacker dag. Jag nådde botten av berget och stannade vid kanten av skidliften och väntade på att mina vänner skulle komma ikapp mig. Vi hade åkt skidor hela morgonen och tog nu en paus innan vi tog oss an några av de **svårare** spåren. Medan jag väntade kunde jag inte låta bli att lägga märke till hur tyst det var. Det fanns inte ett enda ljud förutom det mjuka suset från skidor på snö. Det var nästan **surrealistiskt**.

Plötsligt hörde jag ett högt ljud bakom mig, följt av skrikande röster. Jag vände mig om precis i tid för att se en av mina vänner flyga igenom. Det nästa jag visste var att jag låg på marken. Mitt **huvud** snurrade och jag kunde inte se någonting. Det ringde i mina öron och allt jag kunde höra var röster. De lät **avlägsna** och dämpade, som om de kom under vattnet. Någon skakade mig försiktigt och ropade mitt namn. Långsamt började världen komma tillbaka till **fokus**. Jag såg oroliga ansikten som tittade ner på mig och kände starka armar som hjälpte mig att sätta mig upp. Jag måste ha slagit i huvudet ganska hårt för allting gjorde ont. Men tack och lov, efter några minuters vila började

Skiën

De sneeuw viel zachtjes toen ik de berg afdaalde en met gemak door de poeder carveerde. De zon kwam net over de **horizon** en wierp een roze en oranje gloed aan de hemel. Het zou een mooie dag worden. Ik bereikte de bodem van de berg en stopte aan de rand van de skilift, wachtend tot mijn vrienden me zouden inhalen. We hadden de hele ochtend geskied en namen nu een pauze voordat we de **moeilijkere** pistes zouden gaan doen. Terwijl ik wachtte, viel het me op hoe stil het was. Er was geen enkel ander geluid dan het zachte suizen van de ski's op de sneeuw. Het was bijna **onwerkelijk**.

Plotseling hoorde ik een harde klap achter me, gevolgd door schreeuwende stemmen. Ik draaide me net op tijd om om een van mijn vrienden er doorheen te zien vliegen. Het volgende wat ik wist, was dat ik op de grond lag. Mijn **hoofd** tolde en ik kon niets zien. Mijn oren suisden, en ik kon alleen stemmen horen. Ze klonken **ver weg** en gedempt, alsof ze van onder water kwamen. Iemand schudde me zachtjes door elkaar en riep mijn naam. Langzaam begon de wereld weer **helder te worden**. Ik zag bezorgde gezichten op me neerkijken en voelde sterke armen die me overeind hielpen. Ik moet mijn hoofd behoorlijk hard gestoten hebben, want alles deed pijn. Maar gelukkig, na een

smärtan försvinna och jag kunde tänka klart igen. Tack och lov verkade alla andra också vara okej, även om vi alla var ganska **skakade av vad som** hade hänt.

Vi bestämde oss för att sluta för dagen efter den skräcken, men inte utan att lova varandra att vi skulle komma tillbaka **i morgon**. Det här **berget var** trots allt inte på väg någonstans. Så vi höll vårt löfte och återvände nästa dag. Och dagen efter det blev skidåkning snabbt vårt favoritsysselsättning, något som vi såg fram emot varje helg. Med åren växte vi alla upp och flyttade bort från varandra. Men oavsett hur långt ifrån varandra vi var, var det varje gång vi träffades som om de sorglösa dagarna på berget aldrig hade tagit slut. Och nu, även om vi alla är vuxna och har våra egna liv, tar vi oss fortfarande tid att åka i backen tillsammans. För för oss är skidåkning inte bara en **hobby**. Det är en livsstil.

paar minuten rust, begon de pijn weg te trekken en kon ik weer helder denken. Gelukkig leek iedereen ook in orde, hoewel we allemaal behoorlijk **geschokt waren** door wat er gebeurd was.

Na die schrik besloten we het voor vandaag voor gezien te houden, maar niet voordat we elkaar beloofd hadden dat we **morgen** terug zouden komen. Deze **berg ging tenslotte** nergens heen. En dus hielden we onze belofte en kwamen de volgende dag terug. En de dag daarna werd skiën al snel ons **favoriete** tijdverdrijf, iets waar we elk weekend naar uit keken. In de loop der jaren groeiden we allemaal op en verhuisden we van elkaar. Maar hoe ver we ook van elkaar verwijderd waren, elke keer als we samenkwamen was het alsof die zorgeloze dagen op de berg nooit eindigden. En nu, ook al zijn we allemaal volwassen en hebben we onze eigen levens, maken we nog steeds tijd om samen de piste op te gaan. Omdat skiën voor ons niet alleen een **hobby** is. Het is een manier van leven.

Frågor om förståelse

1. Vad lägger huvudpersonen märke till om berget?

2. Vad gör huvudpersonen när de kommer ner till kullens botten?

3. Vad tänker huvudpersonen när de hör kraschen bakom sig?

4. När börjar huvudpersonen åter komma i fokus?

5. Vad ser huvudpersonen när han eller hon ser sig omkring?

6. Vad bestämmer sig vännerna för att göra efter händelsen?

7. Varför gillar huvudpersonen skidåkning?

8. Hur känner sig huvudpersonen när de åker skidor med sina vänner?

9. Vart åker vännerna när de åker skidor tillsammans?

10. Vad betyder skidåkning för huvudpersonen?

Begrip vragen

1. Wat merkt de hoofdpersoon op aan de berg?

2. Wat doet de hoofdpersoon als ze de bodem van de heuvel bereiken?

3. Wat denkt de hoofdpersoon als hij de klap achter zich hoort?

4. Wanneer begint de hoofdpersoon weer in beeld te komen?

5. Wat ziet de hoofdpersoon als hij om zich heen kijkt?

6. Wat besluiten de vrienden te doen na het incident?

7. Waarom houdt de hoofdpersoon van skiën?

8. Hoe voelt de hoofdpersoon zich als hij met zijn vrienden skiet?

9. Waar gaan de vrienden heen als ze samen skiën?

10. Wat betekent skiën voor de hoofdpersoon?

Köttbullar

Köttbullarna brände i **pannan och** doften fick mig att vattnas i **munnen.** Jag kunde inte vänta på att få äta dem! Jag hade lagat mat hela morgonen och allt var klart. Bordet var dukat och salladen stod i kylskåpet. Allt som återstod var att servera maten. Jag lade tre köttbullar på varje tallrik, tillsammans med lite av **såsen** från pannan. Sedan lade jag till en skopa potatismos och några gröna bönor. Slutligen garnerade jag varje tallrik med en kvist persilja. Det såg ut som en festmåltid! Och det smakade ännu bättre än det såg ut. Köttbullarna var saftiga och smakrika och såsen var perfekt. Det dröjde inte länge innan vi alla var proppfulla av läckerheter. Det var nästa dag och jag tänkte redan på köttbullarna. Jag kunde helt enkelt inte få dem ur huvudet! Jag bestämde mig för att göra en omgång till **lunch** så att jag kunde äta dem igen.

Jag följde receptet exakt, och snart nog brände de i stekpannan. Doften fick mig att vattnas i munnen igen. Men den här gången hände något annat också... Min **mage** började knorra! Det lät som om den ville ha en av dessa köttbullar. Så det var vad jag gjorde. Jag tog en ur pannan och stoppade den i munnen. Och den smakade ännu bättre än i går! Den saftiga, smakrika köttbullen i kombination med den **perfekta** såsen var

Gehaktballetjes

De gehaktballen lagen te sissen in de **pan**, en de geur deed me **watertanden**. Ik kon niet wachten om ze op te eten! Ik had de hele ochtend gekookt, en alles was klaar. De tafel was gedekt, en de salade stond in de koelkast. Nu moest ik alleen nog het eten opdienen. Ik legde drie gehaktballetjes op elk bord, samen met wat **saus** uit de pan. Daarna deed ik er een schep aardappelpuree bij en wat sperziebonen. Tenslotte heb ik elk bord gegarneerd met een takje peterselie. Het leek wel een feestmaal! En het smaakte nog beter dan het eruit zag. De gehaktballetjes waren sappig en smaakvol, en de saus was perfect. Het duurde niet lang voordat we allemaal volgepropt zaten met heerlijkheden. Het was de volgende dag, en ik dacht al aan die gehaktballen. Ik kon ze maar niet uit mijn hoofd krijgen! Ik besloot een partij te maken voor **de lunch**, zodat ik ze weer kon eten.

Ik volgde precies het recept, en al snel lagen ze te sissen in de pan. De geur deed me weer watertanden. Maar deze keer gebeurde er ook iets anders... Mijn **maag** begon te knorren! Het klonk alsof het een van die gehaktballen wilde. Dus dat is wat ik deed. Ik nam er een uit de pan en stak hem in mijn mond. En het smaakte nog beter dan gisteren! De sappige,

helt enkelt för mycket att motstå. Inom kort fanns det inga köttbullar kvar i pannan... eller i min mage. Jag började bli lite orolig. Det hade gått några dagar sedan jag senast hade ätit köttbullar och jag började känna abstinensbesvär. Jag började darra och min mage knorrade hela tiden. Jag visste att jag behövde en ny fix snart. Så jag satte återigen **igång med att** göra en omgång köttbullar.

Den här gången fördubblade jag dock receptet. Det borde räcka för att hålla mig vid liv ett tag. Medan de kokade började min mun vattnas av **förväntan**. Och när de var klara, oj, vad goda de var! Till och med bättre än tidigare! Såsen var perfekt och köttbullarna smälte bara i munnen. Läckert. Jag började tänka att jag kanske hade ett problem. Jag åt köttbullar varje dag nu, och jag kunde inte få nog av dem. De var allt jag kunde tänka på. **Frukost**, lunch och middag, det spelade ingen roll. Om det fanns köttbullar på menyn så var det vad jag åt. Mina vänner och min familj började också oroa sig för mig. De kunde se hur mycket jag hade gått ner i vikt och de visste att något inte stod rätt till. Men vad de än sa eller gjorde kunde de inte övertyga mig om att sluta äta köttbullar.

smaakvolle gehaktbal in combinatie met de **perfecte saus** was gewoon te veel om te weerstaan. Al snel waren er geen gehaktballen meer in de pan... of in mijn maag. Ik begon me een beetje zorgen te maken. Het was al een paar dagen geleden dat ik voor het laatst gehaktballen had gegeten, en ik begon ontwenningsverschijnselen te krijgen. Ik begon te trillen, en mijn maag knorde de hele tijd. Ik wist dat ik snel weer trek moest krijgen. Dus begon ik weer een partij gehaktballen te maken.

Maar deze keer heb ik het recept verdubbeld. Dat zou genoeg moeten zijn om me een tijdje op de been te houden. Toen ze aan het koken waren, begon ik al te watertanden van **verwachting**. En toen ze klaar waren, oh man, wat waren ze lekker! Nog lekkerder dan eerst! De saus was perfect, en de gehaktballen smolten gewoon in mijn mond. Heerlijk. Ik begon te denken dat ik misschien een probleem had. Ik at nu elke dag gehaktballen, en ik kon er maar niet genoeg van krijgen. Ze waren alles waar ik aan kon denken. **Ontbijt**, lunch en avondeten, het maakte niet uit. Als er gehaktballen op het menu stonden, dan was dat wat ik at. Mijn vrienden en familie begonnen zich ook zorgen over me te maken. Ze zagen hoeveel ik was afgevallen en ze wisten dat er iets niet klopte. Maar wat ze ook zeiden of deden, ze konden me er niet van overtuigen om te stoppen met het eten van gehaktballen.

Frågor om förståelse

1. Vad gör huvudpersonen när hon är sugen på köttbullar?

2. Vad sa huvudpersonens läkare till henne?

3. Hur känner huvudpersonen för köttbullar nu?

4. Vad lägger huvudpersonen på sin tallrik?

5. Hur gör huvudpersonen sina köttbullar?

6. Vad tänker huvudpersonen på när hon lagar köttbullarna?

7. Vad säger huvudpersonens familj till henne om hennes köttbullsberoende?

8. Vad gör huvudpersonen när hon känner abstinensbesvär?

9. Vad är huvudpersonens sista halmstrå?

10. Vad var huvudpersonens mål?

Begrip vragen

1. Wat doet de hoofdpersoon als ze trek heeft in gehaktballen?

2. Wat heeft de dokter van de hoofdpersoon haar verteld?

3. Hoe denkt de hoofdpersoon nu over gehaktballen?

4. Wat legt de hoofdpersoon op haar bord?

5. Hoe maakt de hoofdpersoon haar gehaktballen?

6. Waar denkt de hoofdpersoon aan terwijl ze de gehaktballen kookt?

7. Wat zegt de familie van de hoofdpersoon tegen haar over haar gehaktballenverslaving?

8. Wat doet de hoofdpersoon als ze ontwenningsverschijnselen heeft?

9. Wat is de laatste strohalm van de hoofdpersoon?

10. Wat was het doel van de hoofdpersoon?

Norrsken

Norrskenet har alltid varit en källa till **förundran** för mig.
Som barn låg jag i sängen och stirrade på dem i timmar
och föreställde mig hur det skulle vara att röra vid dem.
Nu, som vuxen, skulle jag äntligen få min chans. Jag
var på en resa till Sverige med min bästa vän när vi
bestämde oss för att jaga ljusen. Vi körde upp i bergen,
bort från stadens ljus, och hittade en plats att slå upp
vårt läger på. Sedan väntade vi. När natten föll började
himlen fyllas med färg. Först var det ett **svagt** grönaktigt
sken, sedan dök strimmor av rosa och lila upp över
himlen. Och slutligen kom den magnifika uppvisning
av virvlande färger som vi hade kommit för att se:
norrskenet. Vi såg med häpnad på när **ljusen** dansade
över oss. Det liknade ingenting som jag någonsin hade
sett förut.

Jag kände en plötslig lust att röra vid dem och innan jag
visste ordet av **sprang** jag mot dem. Min vän ropade
på mig, men jag var redan för nära. Jag kunde känna
värmen från ljusen på min hud när jag sträckte mig
för att röra vid dem. Och sedan, plötsligt, föll jag. Jag
vaknade en tid senare och låg på marken. Norrskenet
var borta, och det var min vän också. Jag försökte resa
mig upp, men mitt **ben** var skadat och jag kunde inte
röra mig. Jag låg där i flera timmar och väntade på att

Noorderlicht

Het noorderlicht was altijd al een bron van **verwondering** voor me. Als kind lag ik uren in bed naar ze te staren en stelde ik me voor hoe het zou zijn om ze aan te raken. Nu, als volwassene, zou ik eindelijk mijn kans krijgen. Ik was met mijn beste vriend op reis in Zweden toen we besloten het licht te gaan zoeken. We reden de bergen in, weg van de stadslichten, en vonden een plek om ons kamp op te zetten. Daarna wachtten we. Toen de nacht viel, begon de lucht kleur te krijgen. Eerst was er een **vage** groenachtige gloed, daarna verschenen er roze en paarse strepen boven ons. En uiteindelijk, de prachtige vertoning van wervelende kleuren waar we voor gekomen waren: het Noorderlicht. We keken vol ontzag toe hoe het **licht** over ons heen danste. Ik had nog nooit zoiets gezien.

Ik voelde een plotselinge drang om ze aan te raken, en voor ik het wist, **rende** ik naar ze toe. Mijn vriend riep naar me, maar ik was al te dichtbij. Ik kon de hitte van de lichten op mijn huid voelen toen ik mijn hand uitstak om ze aan te raken. En toen, plotseling, viel ik. Enige tijd later werd ik wakker, liggend op de grond. Het noorderlicht was weg, en mijn vriend ook. Ik probeerde op te staan, maar mijn **been** was gewond en ik kon me niet bewegen. Ik heb daar uren gelegen, wachtend

hjälp skulle komma. Men ingen kom. Så småningom började det bli mörkt igen och kylan satte in. När mörkret sluter sig kring mig ser jag återigen ljusen: virvlande färger över himlen som tycks håna mig med sin **skönhet**. Och sedan blev allting svart. Jag vaknade till **ljudet** av röster. Jag hade blivit räddad!

Min vän hade gått för att hämta hjälp när jag sprang iväg och gick vilse. När jag bars ner för **berget** på en bår kunde jag inte låta bli att titta tillbaka på norrskenet. De var fortfarande där, dansade på himlen som om ingenting hade hänt. Jag fördes till **sjukhus och** behandlades för mina **skador**. Men även nu, månader senare, kan jag inte glömma den magiska natten när jag jagade ljusen. Och en dag ska jag åka tillbaka.

tot er hulp kwam. Maar er kwam niemand. Uiteindelijk begon de nacht weer te vallen en de kou begon in te treden. Terwijl de duisternis zich om me heen sloot, zag ik de lichten weer: wervelende kleuren boven me die me leken te bespotten met hun **schoonheid**. En toen werd alles zwart. Ik werd wakker door het **geluid** van stemmen. Ik werd gered!

Mijn vriend was hulp gaan halen toen ik wegliep en verdwaalde. Toen ik op een brancard de **berg** werd afgedragen, keek ik om naar het noorderlicht. Ze waren er nog steeds, dansend aan de hemel, alsof er niets gebeurd was. Ik werd naar **het ziekenhuis** gebracht en behandeld voor mijn **verwondingen**. Maar zelfs nu, maanden later, kan ik die magische nacht achter het licht aan niet vergeten. En op een dag, zal ik terug gaan.

Frågor om förståelse

1. Vad var huvudpersonens barndomsdröm?

2. Hur kände huvudpersonen för norrskenet?

3. Vad hände när huvudpersonen sprang mot norrskenet?

4. Var befann sig huvudpersonen när han eller hon vaknade?

5. Varför gick huvudpersonens vän för att få hjälp?

6. Hur såg norrskenet ut när huvudpersonen räddades?

7. Vilken var huvudpersonens skada?

8. Vart fördes huvudpersonen efter att ha räddats?

9. När planerar huvudpersonen att åka tillbaka?

10. Vad var huvudpersonens upplevelse överlag?

Begrip vragen

1. Wat was de kinderdroom van de hoofdpersoon?

2. Hoe voelde de hoofdpersoon zich bij het noorderlicht?

3. Wat gebeurde er toen de hoofdpersoon naar het noorderlicht rende?

4. Waar was de hoofdpersoon toen hij wakker werd?

5. Waarom ging de vriend van de hoofdpersoon om hulp vragen?

6. Hoe was het noorderlicht toen de hoofdpersoon gered werd?

7. Wat was de verwonding van de hoofdpersoon?

8. Waar werd de hoofdpersoon heengebracht nadat hij gered was?

9. Wanneer is de hoofdpersoon van plan terug te gaan?

10. Wat was de algemene ervaring van de hoofdpersoon?

Stockholm

Stockholm är en vacker stad. Gatorna är kantade av **träd och** byggnaderna är alla olika vita nyanser. Det är en fridfull plats, men det är något med den som känns fel. Kanske beror det på att jag kommer från Amerika och inte är van vid sådan lugn och ro. Jag är här på semester med min **pojkvän** Anders. Vi bor i en liten Airbnb nära Gamla Stan, Gamla stan i Stockholm. Vi anlände igår och har varit på upptäcktsfärd sedan dess. Idag bestämde vi oss för att ta en promenad på Södermalm, en av Stockholms ö-distrikt. När vi gick kunde jag inte låta bli att lägga märke till hur tomma gatorna var. Det var inte många människor ute och rörde sig som man skulle förvänta sig i en stor stadsdel i centrum som denna, som normalt sett är full av aktivitet dag och natt oavsett årstid. Men idag? kusligt tyst Nästan för **tyst**.

Vi vandrade en stund och tog in stadens sevärdheter och ljud. Men oavsett vart vi gick, blev känslan av **obehag** bara starkare. Jag försökte skaka av mig den och intalade mig själv att jag bara var paranoid. Men Anders verkade också känna det. Han tittade hela tiden över axeln och kastade en nervös blick omkring sig. Till slut bestämde vi oss för att gå tillbaka till vårt Airbnb. Vi var båda utmattade av all **vandring** och behövde

Stockholm

De stad Stockholm is een prachtige plek. De straten zijn omzoomd met **bomen**, en de gebouwen zijn allemaal verschillende tinten wit. Het is een vredige plek, maar er is iets aan dat vreemd aanvoelt. Misschien komt het omdat ik uit Amerika kom en niet gewend ben aan zo'n rust en stilte. Ik ben hier op vakantie met mijn **vriend**, Anders. We verblijven in een kleine Airbnb in de buurt van Gamla Stan, het oude stadsgedeelte van Stockholm. We zijn gisteren aangekomen en zijn sindsdien op verkenning geweest. Vandaag besloten we een wandeling te maken door Södermalm, een van de eilandwijken in Stockholm. Terwijl we liepen, viel het me op hoe leeg de straten waren. Er waren niet veel mensen op de been zoals je zou verwachten in een groot stadscentrum als dit, dat normaal gesproken dag en nacht bruist van activiteit, ongeacht het seizoen. Maar vandaag? Angstaanjagend stil. Bijna te **stil**.

We liepen een tijdje en namen de bezienswaardigheden en geluiden van de stad in ons op. Maar waar we ook heen gingen, dat gevoel van **onbehagen** werd alleen maar sterker. Ik probeerde het van me af te schudden en zei tegen mezelf dat ik gewoon paranoïde was. Maar Anders leek het ook te voelen. Hij bleef over zijn schouder kijken en nerveus om zich heen kijken.

ändå en paus. När vi gick tillbaka kunde jag inte låta
bli att lägga märke till hur varenda butik och restaurang
vi passerade hade sina fönsterluckor nere trots att
det fortfarande var tidig eftermiddag. Vad är det som
händer? Är det något slags evenemang som äger rum
i dag som jag inte känner till? När vi kom tillbaka till
vårt Airbnb fann vi att våra värdar hade lämnat en **lapp**
till oss där det stod att de hade gått ut för dagen och
inte skulle vara tillbaka förrän sent på kvällen. Det är
märkligt. Varför skulle de gå ut när det uppenbarligen är
något på gång i staden? Oavsett så bestämde Anders
och jag oss för att **utnyttja att vi** hade stället för oss
själva och tog en lång tupplur.

Det var mörkt när vi vaknade från vår tupplur. Vi var
båda utsvultna, så vi bestämde oss för att ge oss
ut i staden på jakt efter mat. Men så fort vi klev **ut**
insåg vi att något definitivt var fel. Gatorna var helt
tomma nu - inte en själ i sikte. Alla lampor var släckta
i alla **byggnader,** vilket fick staden att se ut som en
spökstad. Det var kusligt och oroväckande. Vi gick ett
tag utan att riktigt veta vart vi skulle eller vad vi letade
efter. Det var som om staden hade övergivits. Men
sedan hörde vi på avstånd rop och **skrik.** Det lät som
om det kom från Gamla Stan. Utan att tänka vidare
började vi springa mot ljudet...

Uiteindelijk besloten we terug te gaan naar onze Airbnb. We waren allebei uitgeput van al het **lopen** en hadden toch een pauze nodig. Toen we terug liepen, viel het me op dat alle winkels en restaurants die we passeerden hun rolluiken dicht hadden, ook al was het nog vroeg in de middag. Wat is er aan de hand? Gebeurt er vandaag iets waarvan ik niet op de hoogte ben? Toen we terugkwamen bij onze Airbnb, ontdekten we dat onze verhuurders een **briefje** voor ons hadden achtergelaten waarop stond dat ze de hele dag weg waren en pas laat in de avond terug zouden zijn. Dat is vreemd. Waarom zouden ze weggaan als er duidelijk iets aan de hand is in de stad? Anders en ik besloten te **profiteren** van het feit dat we het huis voor onszelf hadden en deden een lang dutje.

Het was donker tegen de tijd dat we wakker werden uit ons dutje. We hadden allebei honger, dus besloten we de stad in te gaan op zoek naar eten. Maar zodra we **naar buiten** stapten, beseften we dat er iets helemaal mis was. De straten waren nu helemaal leeg - geen mens te bekennen. Alle lichten in alle **gebouwen** waren uit, waardoor de stad op een spookstad leek. Het was griezelig en zenuwslopend. We liepen een tijdje, niet echt zeker waar we heen gingen of wat we zochten. Het was alsof de stad verlaten was. Maar toen, in de verte, hoorden we geschreeuw en **gegil**. Het klonk alsof het uit Gamla Stan kwam. Zonder verder na te denken, begonnen we naar het geluid toe te rennen...

Frågor om förståelse

1. Vad tycker huvudpersonen om Stockholm?

2. Var bor huvudpersonen i Stockholm?

3. Vad tycker huvudpersonen är konstigt med staden?

4. Vem är med huvudpersonen?

5. Vad lägger de märke till om staden när de går runt?

6. Vad hittar de när de kommer tillbaka till sitt Airbnb?

7. Vad gör de när de inte kan hitta mat?

8. Vad hör de på avstånd?

9. Vad gör de när de hör ljudet?

10. Vad anser huvudpersonen om staden i slutet av texten?

Begrip vragen

1. Wat is de mening van de hoofdpersoon over Stockholm?

2. Waar verblijft de hoofdpersoon in Stockholm?

3. Wat vindt de hoofdpersoon vreemd aan de stad?

4. Wie is er bij de hoofdpersoon?

5. Wat valt hen op aan de stad als ze er rondlopen?

6. Wat vinden ze als ze teruggaan naar hun Airbnb?

7. Wat doen ze als ze geen eten kunnen vinden?

8. Wat horen ze in de verte?

9. Wat doen ze als ze het lawaai horen?

10. Wat is de mening van de hoofdpersoon over de stad aan het eind van de tekst?

ABBA

Första gången jag såg ABBA var på TV. Min mamma och pappa satt i **vardagsrummet och** tittade på något varietéprogram när plötsligt dessa fyra personer dök upp på skärmen och sjöng och dansade av hela sitt hjärta. De såg så lyckliga och bekymmerslösa ut - det var som om de befann sig i en helt annan **värld.** Jag minns att jag tänkte för mig själv att jag ville vara precis som dem en dag.

Några år senare var jag äntligen gammal nog att se ABBA på konsert. Jag minns att jag var så uppspelt när vi körde till **arenan,** mitt hjärta bankade i bröstet hela vägen dit. Så snart de gick upp på scenen var jag fascinerad. De var ännu bättre live än de var på TV! Deras energi var smittsam och jag kunde inte låta bli att dansa med alla andra i **publiken**. Det var en oförglömlig upplevelse. När jag numera hör en ABBA-låt på radion tar det mig tillbaka till den första **konserten för** alla dessa år sedan.

Det är otroligt hur något så enkelt kan väcka så starka **minnen - men** det är precis vad musik gör. Den har förmågan att föra oss tillbaka till olika ögonblick i våra liv, bra eller dåliga, glada eller ledsna. Och av den anledningen kommer ABBA alltid att ha en **speciell** plats i mitt hjärta. Så om du någonsin känner dig

ABBA

De eerste keer dat ik ABBA zag was op TV. Mijn vader en moeder zaten in de woonkamer naar een variété show te kijken, toen plotseling die vier mensen op het scherm verschenen, die hun hart uit hun lijf zongen en dansten. Ze zagen er zo gelukkig en zorgeloos uit - het was alsof ze in een totaal andere **wereld** waren. Ik herinner me dat ik bij mezelf dacht dat ik op een dag net als hen wilde zijn.

Spoel een paar jaar vooruit, en ik was eindelijk oud genoeg om ABBA in concert te zien. Ik weet nog dat ik zo opgewonden was toen we naar de **arena reden**, mijn hart bonsde de hele weg door mijn borstkas. Zodra ze het podium opkwamen, was ik gebiologeerd. Ze waren live nog beter dan op TV! Hun energie was aanstekelijk, en ik kon het niet helpen om mee te dansen met iedereen in het **publiek**. Het was een onvergetelijke ervaring. Als ik tegenwoordig een ABBA nummer op de radio hoor, brengt het me terug naar dat eerste **concert** al die jaren geleden.

Het is verbazingwekkend hoe iets zo eenvoudigs zulke sterke **herinneringen** kan oproepen - **maar** dat is precies wat muziek doet. Het heeft de kracht om ons terug te voeren naar verschillende momenten in ons leven, goed of slecht, gelukkig of verdrietig. En om die

nedstämd, eller om det känns som om världen är emot dig, kom ihåg att det alltid finns **musik** som kan lyfta ditt humör. Och vem vet? Kanske har du också en dag turen att få se ABBA live på konsert - jag lovar att det kommer att vara värt det. Tills dess, fortsätt **dansa** och ge aldrig upp dina drömmar.

reden zal ABBA altijd een **speciaal** plekje in mijn hart hebben. Dus als je je ooit down voelt, of alsof de wereld tegen je is, onthoud dan dat er altijd **muziek is** om je op te beuren. En wie weet? Misschien heb je op een dag het geluk om ABBA ook live in concert te zien-ik beloof je dat het de moeite waard zal zijn. Tot dan, blijf **dansen**, en geef nooit je dromen op.

Frågor om förståelse

1. Vilket tv-program tittade författarens föräldrar på när de såg ABBA för första gången?

2. Vad tyckte författaren om ABBA när de såg dem på TV?

3. När såg författaren sin första ABBA-konsert?

4. Hur kändes det för författaren att åka till konserten?

5. Hur var ABBA live jämfört med TV?

6. Vad säger författaren om ABBA nu?

7. Vad säger författaren om musik i allmänhet?

8. Vad säger författaren att man ska göra om man känner sig nedstämd?

9. Vad är författarens slutmål?

10. Vad säger författaren att ABBA alltid kommer att vara för dem?

Begrip vragen

1. Naar welke TV show keken de ouders van de auteur toen ze ABBA voor het eerst zagen?

2. Wat vond de schrijver van ABBA toen hij ze op TV zag?

3. Wanneer was het eerste ABBA concert van de auteur?

4. Hoe voelde de schrijver zich toen hij naar het concert reed?

5. Hoe was ABBA live in vergelijking met TV?

6. Wat zegt de auteur nu over ABBA?

7. Wat zegt de auteur over muziek in het algemeen?

8. Wat zegt de auteur dat je moet doen als je je down voelt?

9. Wat is het uiteindelijke doel van de auteur?

10. Wat zegt de auteur dat ABBA altijd voor hen zal zijn?

Ice Hotel

Ice Hotel i Sverige är en plats som inte liknar någon annan. Det är helt och hållet gjort av **is,** och det är helt hisnande. Varje år kommer människor från hela världen för att uppleva dess unika skönhet. I år är det särskilt en **kvinna som** dras till Ice Hotel. Hon har gått igenom några tuffa tider nyligen och känner att hon behöver ett miljöombyte. Kanske är det här stället precis vad hon behöver för att få sitt liv på **rätt köl** igen.

Så snart hon kliver in vet hon att det är något speciellt med det här stället. Hon kan känna den positiva **energin som** sprids från alla håll. Hon bestämmer sig för att stanna ett tag och se vad det här stället har att erbjuda. Kvinnan tillbringar sina dagar med att utforska ishotellet och allt det har att erbjuda. Hon träffar en del **intressanta** människor och hon får till och med följa med på några äventyr. Ju mer tid hon tillbringar här, desto mer inser hon att det här stället är precis vad hon behöver. Hon börjar känna sig som sig själv igen, och hon börjar till och med tänka på sin framtid. Kanske är det här som hon ska vara. Kanske är det här hon kommer att hitta **lyckan** igen.

Så småningom är det dags för kvinnan att lämna Ice Hotel. Hon är ledsen över att gå, men hon vet att det är dags. Hon är **tacksam** för allt som det här stället har

IJshotel

Het Ice Hotel in Zweden is een plek als geen ander. Het is volledig van **ijs** gemaakt, en het is absoluut adembenemend. Elk jaar komen mensen van over de hele wereld om de unieke schoonheid te ervaren. Dit jaar is er één **vrouw** in het bijzonder die zich aangetrokken voelt tot het ijshotel. Ze heeft de laatste tijd moeilijke tijden doorgemaakt en ze heeft het gevoel dat ze een andere omgeving nodig heeft. Misschien is deze plek wel precies wat ze nodig heeft om haar leven weer op **de rails te krijgen**.

Zodra ze binnenkomt, weet ze dat er iets speciaals aan deze plek is. Ze voelt de positieve **energie** die uit alle richtingen straalt. Ze besluit een tijdje te blijven en te zien wat deze plek te bieden heeft. De vrouw brengt haar dagen door met het verkennen van het ijshotel en alles wat het te bieden heeft. Ze ontmoet **interessante** mensen en gaat zelfs een paar keer op avontuur. Hoe meer tijd ze hier doorbrengt, hoe meer ze zich realiseert dat deze plek precies is wat ze nodig heeft. Ze begint zich weer zichzelf te voelen, en ze begint zelfs na te denken over haar toekomst. Misschien is dit waar ze hoort te zijn. Misschien is dit de plek waar ze weer **geluk** zal vinden.

Uiteindelijk is het tijd voor de vrouw om het ijshotel te

gett henne, och hon vet att det alltid kommer att ha en speciell plats i hennes hjärta. När hon går ut i solljuset känner hon sig som en ny människa. Hon är redo att ta sig an vad livet än kastar på henne härnäst, och hon vet att **ingenting** kan stoppa henne nu. Kvinnan glömmer aldrig sin tid på Ice Hotel. Det är en plats som förändrade hennes liv, och hon kommer alltid att vara tacksam för det. Hon fortsätter att leva sitt liv fullt ut och hon vet att allt är möjligt nu. Tack vare Ice Hotel hittade hon sig själv igen. Och hon vet att hon aldrig kommer att tappa bort det som verkligen är **viktigt** i livet.

verlaten. Ze is verdrietig om te gaan, maar ze weet dat het tijd is. Ze is **dankbaar** voor alles wat deze plek haar heeft gegeven, en ze weet dat het altijd een speciaal plekje in haar hart zal houden. Als ze naar buiten loopt in het zonlicht, voelt ze zich als een nieuw persoon. Ze is klaar voor alles wat het leven haar nog zal brengen, en ze weet dat **niets** haar nu nog kan tegenhouden.

De vrouw vergeet nooit haar tijd in het Ice Hotel. Het is een plek die haar leven heeft veranderd, en daar zal ze altijd dankbaar voor zijn. Ze blijft haar leven ten volle leven, en ze weet dat alles nu mogelijk is. Dankzij het Ice Hotel heeft ze zichzelf hervonden. En ze weet dat ze nooit uit het oog zal verliezen wat echt **belangrijk is** in het leven.

Frågor om förståelse

1. Vad är Ice Hotel i Sverige?

2. Vad är kvinnans anledning till att besöka Ice Hotel?

3. Hur känner sig kvinnan när hon för första gången kliver in i Ice Hotel?

4. Vad gör kvinnan under sin tid på Ice Hotel?

5. Hur känner sig kvinnan när hon måste lämna Ice Hotel?

6. Vilken lärdom får kvinnan av sin tid på Ice Hotel?

7. Vad säger kvinnan om Ice Hotel?

8. Hur förändrar Ice Hotel kvinnans liv?

9. Hur ser kvinnan på livet efter sin tid på Ice Hotel?

10. Vad glömmer kvinnan aldrig om sin tid på Ice Hotel?

Begrip vragen

1. Wat is het ijshotel in Zweden?

2. Wat is de reden van de vrouw om het ijshotel te bezoeken?

3. Hoe voelt de vrouw zich als ze voor het eerst het ijshotel binnenstapt?

4. Wat doet de vrouw tijdens haar verblijf in het ijshotel?

5. Hoe voelt de vrouw zich als ze het ijshotel moet verlaten?

6. Welke les leert de vrouw uit haar tijd in het ijshotel?

7. Wat zegt de vrouw over het ijshotel?

8. Hoe verandert het ijshotel het leven van de vrouw?

9. Wat is de kijk van de vrouw op het leven na haar tijd in het Ice Hotel?

10. Wat vergeet de vrouw nooit van haar tijd in het Ice Hotel?

Dala häst

Dalahästen i trä har snittats av en skicklig **hantverkare i den** lilla staden Dalarna i Sverige. Den tillverkades av en enda träbit och målades med ljusa färger. Hästen var tänkt att vara en leksak för barn, men den blev snabbt populär även bland vuxna. Människor började samla på dem och ställa ut dem i sina **hem**. Dalahästen blev en symbol för svensk kultur och tradition. Den representerade det hårda arbetet och hantverket hos folket i Dalarna. Hästarna gavs ofta som gåvor till vänner och familjemedlemmar. De användes också som **dekorationer** vid bröllop och andra speciella tillfällen. På senare år har Dalahästens popularitet ökat ännu mer. Turister från hela världen kommer till Dalarna för att se dessa vackra hästar som visas upp i butiker och gallerier. Vissa människor har till och med låtit tatuera dem på sina kroppar! Mia är född och uppvuxen i Dalarna, så hon har alltid varit bekant med **Dalahästen**.

När hon var liten snickrade hennes farfar en sådan till henne i trä. Den var Mias mest **värdefulla** ägodel och hon tog den med sig överallt. Som vuxen har Mia nu en liten butik i Dalarna där hon säljer **handgjorda** Dalahästar. Hon älskar att se den glädje som dessa hästar ger människor. Varje dag ser hon turister från hela världen komma in i hennes butik för att köpa

Dala Horse

Het houten Dala paard werd gesneden door een bekwame **ambachtsman** in het kleine stadje Dalarna in Zweden. Het werd gemaakt uit één enkel stuk hout en beschilderd met felle kleuren. Het paard was bedoeld als speelgoed voor kinderen, maar het werd al snel ook populair bij volwassenen. Mensen begonnen ze te verzamelen en in hun **huizen tentoon** te stellen. Het Dala paard werd een symbool van de Zweedse cultuur en traditie. Het vertegenwoordigde het harde werk en het vakmanschap van de mensen in Dalarna. De paarden werden vaak cadeau gegeven aan vrienden en familieleden. Ze werden ook gebruikt als **versiering** bij bruiloften en andere speciale gelegenheden. De laatste jaren is de populariteit van het Dala paard nog verder toegenomen. Toeristen van over de hele wereld komen naar Dalarna om deze prachtige paarden in winkels en galeries te bekijken. Sommige mensen laten ze zelfs op hun lichaam tatoeëren! Mia is geboren en getogen in Dalarna, dus ze is altijd al bekend geweest met het Dala **paard**.

Toen ze een kind was, sneed haar grootvader er een voor haar uit hout. Het was Mia's **dierbaarste** bezit en ze nam het overal mee naar toe. Als volwassene heeft Mia nu een kleine winkel in Dalarna waar ze

dessa speciella souvenirer. Mia är väldigt stolt över sitt svenska arv och Dalahästen är en stor del av det. För Mia representerar dessa hästar allt som är bra med Sverige: hårt arbete, hantverk och tradition. Dalahästen har varit en del av Annas familj i **generationer**. Hennes farfars farfar snickrade en till hennes mormor när hon var liten. Nu har Anna fört traditionen vidare till sin egen dotter. Varje år på julafton samlas familjen runt granen och sjunger svenska sånger. I mitten av rummet står deras vackra Dalahäst, omgiven av presenter. Det är en speciell stund som alla ser fram emot och som påminner dem om deras rika **arv**.

Annas dotter älskar att höra berättelser om Sverige och dess kultur. Hon är fascinerad av dessa hästar och kan inte vänta på att starta en egen samling en dag. John och hans fru Sarah var på semester i Sverige när de såg sin första Dalahäst. De blev genast charmade av dessa vackra trähästar och bestämde sig för att köpa en som en souvenir. När de kom hem placerade de Dalahästen på sin **spiselkrans**.

handgemaakte Dala paarden verkoopt. Ze vindt het prachtig om de vreugde te zien die deze paarden op de gezichten van de mensen brengen. Elke dag ziet ze toeristen van over de hele wereld in haar winkel komen om deze speciale souvenirs te kopen. Mia is erg trots op haar Zweedse afkomst, en het Dala paard is daar een groot onderdeel van. Voor Mia vertegenwoordigen deze paarden alles wat goed is aan Zweden: hard werk, vakmanschap en traditie. Het Dala paard is al **generaties** lang een deel van Anna's familie. Haar overgrootvader sneed er een voor haar grootmoeder toen zij nog een kind was. Nu heeft Anna de traditie doorgegeven aan haar eigen dochter. Elk jaar, op kerstavond, verzamelt de familie zich rond de boom en zingt Zweedse kerstliederen. In het midden van de kamer staat hun prachtige Dala paard, omringd door cadeautjes. Het is een speciaal moment waar ze allemaal naar uitkijken, en het herinnert hen aan hun rijke **erfgoed**.

Anna's dochter hoort graag verhalen over Zweden en de Zweedse cultuur. Ze is gefascineerd door deze paarden en kan niet wachten om ooit haar eigen collectie te beginnen. John en zijn vrouw, Sarah, waren op vakantie in Zweden toen zij hun eerste Dala paard zagen. Ze waren meteen gecharmeerd van deze prachtige **houten** paarden en besloten er een te kopen als souvenir. Toen ze thuiskwamen, plaatsten ze het Dala paard op hun **schoorsteenmantel**.

Frågor om förståelse

1. Varifrån kommer Dalahästarna?

2. Hur tillverkas de?

3. Vad representerar de?

4. Hur länge har de funnits?

5. Vad betyder författarens farfar för henne?

6. Vad arbetar författaren med?

7. Vad betyder Dalahästen för Annas familj?

8. Hur kände sig John och Sarah efter resan till Sverige?

9. Vilken är författarens svenska favoritstad?

10. Var har Mia sin Dala-häst?

Begrip vragen

1. Waar komen Dala paarden vandaan?

2. Hoe worden ze gemaakt?

3. Wat stellen ze voor?

4. Hoe lang bestaan ze al?

5. Wat betekent de grootvader van de auteur voor haar?

6. Wat doet de auteur voor de kost?

7. Wat betekent het Dala paard voor Anna's familie?

8. Hoe voelden John en Sarah zich na hun reis naar Zweden?

9. Wat is de favoriete Zweedse stad van de auteur?

10. Waar bewaart Mia haar Dala paard?

Gamla Stan

Första gången jag såg Gamla Stan var en kall vinterdag. Gatorna var täckta av snö och luften var så krispig att det kändes som om mina lungor frös vid varje andetag. Jag minns att jag tänkte för mig själv hur vackert det måste vara här på sommaren. Jag hade dock inte mycket tid att beundra utsikten eftersom jag var tvungen att gå till mitt möte. Min klient hade sagt att han skulle **vänta på** mig vid caféet på Stora Nygatan, så jag tog mig fram genom de slingrande gatorna tills jag hittade det. Så fort jag gick in visste jag att något var fel. Det fanns människor som satt hopkrupen runt borden och **pratade** i dämpade toner, och det fanns en kuslig känsla i luften. Sedan såg jag honom - min klient - sitta i ett hörnbås med en skräckfylld blick i **ansiktet**.

Jag närmade mig honom försiktigt, utan att veta vad jag skulle förvänta mig. Han såg upp på mig med lättnad i ögonen och vinkade åt mig att sätta mig ner. "Vad är det som händer?" Jag frågade honom. "Varför är folk så rädda?" Han lutade sig nära mig och sänkte **rösten** innan han talade. "Det finns ett monster som är löst i Gamla Stan", sa han. "Det har dödat människor." Jag visste inte vad jag skulle säga. Jag hade hört talas om monster tidigare, men jag hade aldrig riktigt trott att de existerade. Men här i Gamla Stan verkade det som om

Gamla Stan

De eerste keer dat ik Gamla Stan zag was op een koude winterdag. De straten waren bedekt met sneeuw en de lucht was zo fris dat het voelde alsof mijn longen bevroren bij elke ademhaling. Ik herinner me dat ik bij mezelf dacht hoe mooi het hier in de zomer moet zijn. Ik had echter niet veel tijd om het uitzicht te bewonderen, want ik moest naar mijn vergadering. Mijn klant had me gezegd dat hij op me zou **wachten** in het café aan de Stora Nygatan, dus ik zocht mijn weg door de kronkelige straatjes tot ik het vond. Zodra ik binnenkwam, wist ik dat er iets mis was. Er zaten mensen rond tafeltjes **te praten** op gedempte toon, en er hing een griezelig gevoel in de lucht. Toen zag ik hem - mijn cliënt - zitten in een hoekhokje met een angstige blik op zijn **gezicht**.

Ik stapte voorzichtig op hem af, niet wetend wat ik kon verwachten. Hij keek naar me op met opluchting in zijn ogen en gebaarde me te gaan zitten. "Wat is er aan de hand?" vroeg ik hem. "Waarom zijn de mensen zo bang?" Hij leunde naar me toe en verlaagde zijn **stem** voor hij sprak. "Er is een monster los in Gamla Stan," zei hij. "Het heeft mensen vermoord." Ik wist niet wat ik moest zeggen. Ik had al eerder van monsters gehoord, maar ik had nooit geloofd dat ze bestonden. Maar

allt var möjligt. "Har du någon aning om vad det är?" Jag frågade honom. "Har du sett det?" Han skakade på **huvudet** och sa att han inte hade sett den men att alla pratade om den. Monstret kommer tydligen bara ut på natten, så ingen vet hur det ser ut. Allt de vet är att det är stort och skrämmande och att det dödar människor. Jag sa till honom att jag skulle undersöka saken och se om jag kunde få reda på något mer om **monstret**. Han tackade mig och skyndade sig sedan iväg och lämnade mig **ensam** i caféet med mina tankar.

Jag bestämde mig för att ta en promenad i Gamla Stan och se om jag kunde hitta några ledtrådar om monstret. Gatorna var tomma, vilket var märkligt för en så livlig plats. Vanligtvis fanns det folk som gick omkring, till och med mitt i natten, men nu var det som om alla hade försvunnit. Jag svängde runt ett hörn och såg något som fick mitt **blod att** rinna kallt. **Fotspår** i snön som ledde in i en gränd. Det fanns bara en uppsättning fotspår, så det som gjorde dem måste ha varit väldigt stort. Jag följde fotspåren försiktigt, utan att veta vad jag skulle hitta i slutet av dem. De ledde mig in i en mörk gränd där jag inte kunde se någonting förutom två glödande ögon som stirrade tillbaka på mig från mörkret. Innan jag ens hann skrika var monstret över mig. Det var stort och pälsigt, med **vassa** tänder och klor. Jag kämpade tillbaka så gott jag kunde, men det var för starkt.

hier in Gamla Stan, leek het alsof alles mogelijk was. "Heb je enig idee wat het is?" vroeg ik hem. "Heb je het gezien?" Hij schudde zijn **hoofd** en zei dat hij het niet gezien had, maar dat iedereen het erover had. Het monster komt blijkbaar alleen 's nachts tevoorschijn, dus niemand weet hoe het eruit ziet. Het enige wat ze weten is dat het groot en eng is en mensen doodt. Ik zei hem dat ik er naar zou kijken en zou zien of ik meer over het **monster te weten kon komen**. Hij bedankte me en haastte zich toen weg, mij **alleen achterlatend** in het café met mijn gedachten.

Ik besloot rond Gamla Stan te lopen om te zien of ik aanwijzingen kon vinden over het monster. De straten waren leeg, wat vreemd was voor zo'n drukke plaats. Gewoonlijk liepen er mensen rond, zelfs midden in de nacht, maar nu was het alsof iedereen verdwenen was. Ik sloeg een hoek om en zag iets dat mijn **bloed deed stollen**. **Voetsporen** in de sneeuw die naar een steeg leidden. Er was maar één stel voetafdrukken, dus wat ze ook gemaakt had, het moest wel heel groot zijn geweest. Ik volgde de voetsporen voorzichtig, niet wetend wat ik aan het eind ervan zou aantreffen. Ze leidden me naar een donker steegje waar ik niets kon zien, behalve twee gloeiende ogen die me aanstaarden vanuit de duisternis. Voordat ik ook maar kon schreeuwen, was het monster al bij me. Het was groot en harig, met **scherpe** tanden en klauwen. Ik vocht terug zo goed als ik kon, maar het was te sterk.

Frågor om förståelse

1. Vad gör huvudpersonen när han för första gången ser sin klient på kaféet?

2. Vad berättar huvudpersonens klient att det händer i Gamla Stan?

3. Varför tror du att huvudpersonen bestämmer sig för att ta en promenad i Gamla Stan?

4. Vad hittar huvudpersonen när de följer fotspåren i snön?

5. Vad känner huvudpersonen när han ser monstret?

6. Hur ser monstret ut?

7. Hur försöker huvudpersonen kämpa mot monstret?

8. Varför tror du att huvudpersonen blir svart?

9. Vad tror du händer med huvudpersonen efter att han eller hon har fått en blackout?

10. Tror du att huvudpersonen kommer att kunna hitta monstret? Varför eller varför inte?

Begrip vragen

1. Wat doet de hoofdpersoon als hij zijn klant voor het eerst in het café ziet?

2. Wat zegt de klant van de hoofdpersoon dat er in Gamla Stan gebeurt?

3. Waarom denk je dat de hoofdpersoon besluit om een wandeling te maken rond Gamla Stan?

4. Wat vindt de hoofdpersoon als ze de voetsporen in de sneeuw volgen?

5. Hoe voelt de hoofdpersoon zich als hij het monster ziet?

6. Hoe ziet het monster eruit?

7. Hoe probeert de hoofdpersoon terug te vechten tegen het monster?

8. Waarom denk je dat de hoofdpersoon een black-out krijgt?

9. Wat denk je dat er met de hoofdpersoon gebeurt nadat hij bewusteloos is geraakt?

10. Denk je dat de hoofdpersoon in staat zal zijn het monster te vinden? Waarom wel of waarom niet?

Drottningholms slott

Drottningholms slott är en vacker plats. Det har varit hem för många svenska kungligheter och är nu ett världsarv. Slottet ligger på en ö i Mälaren, strax utanför Stockholm. Ön ägdes en gång i tiden av kungafamiljen, men gavs till det svenska folket 1661. Slottet har bevarats väl och används fortfarande av kungafamiljen i dag. Det är också öppet för **besökare** från hela världen. Jag är en av de lyckliga besökare som får se detta fantastiska palats på nära håll. När jag går genom dess storslagna salar och rum kan jag föreställa mig hur livet måste ha varit för **kungligheterna för flera** hundra år sedan. Även om tiderna har förändrats är det något med denna plats som får mig att känna att jag kliver tillbaka i tiden. På min sista dag på Drottningholms slott tar jag en sista promenad runt på den fantastiska parken **innan jag** åker hem.

När jag beundrar utsikten över Mälaren fångar jag något i ögonen. På avstånd ser jag en grupp människor i traditionella **kläder som** går mot mig. De bär på musikinstrument och ser ut att vara redo att uppträda. När de når mig börjar de spela livlig musik och dansa. Det är en så glad syn att jag inte kan låta bli att delta! Vi dansar tillsammans fram till **kvällen,** då de äntligen tar

Drottningholm Paleis

Het paleis van Drottningholm is een prachtige plek. Het is het thuis geweest van vele Zweedse koningshuizen en staat nu op de Werelderfgoedlijst. Het paleis ligt op een eiland in **het** Mälarmeer, net buiten Stockholm. Het eiland was ooit eigendom van de koninklijke familie, maar het werd in 1661 aan het Zweedse volk gegeven. Het paleis is goed bewaard gebleven en wordt vandaag de dag nog steeds gebruikt door de koninklijke familie. Het staat ook open voor **bezoekers** van over de hele wereld. Ik ben een van die gelukkige bezoekers die dit verbazingwekkende paleis van dichtbij te zien krijgen. Terwijl ik door de grote zalen en kamers loop, kan ik me voorstellen hoe het leven van het **koningshuis er** eeuwen geleden moet hebben uitgezien. Ook al zijn de tijden veranderd, toch is er iets aan deze plek dat me het gevoel geeft terug in de tijd te stappen. Op mijn laatste dag in paleis Drottningholm maak ik nog een laatste wandeling over het prachtige terrein **voordat** ik naar huis vertrek.

Terwijl ik het uitzicht op het Mälarmeer bewonder, valt mijn oog op iets. In de verte zie ik een groep mensen in traditionele **kledij** naar me toe lopen. Ze dragen muziekinstrumenten en zien eruit alsof ze klaar zijn

farväl av mig. När jag ser dem försvinna i mörkret vet jag att denna magiska upplevelse kommer att stanna kvar hos mig för alltid. Kapitel 1 Drottningholms slott är en vacker plats. Det har varit hem för många svenska **kungligheter** och är nu ett världsarv. Slottet ligger på en ö i Mälaren, strax utanför Stockholm. Ön ägdes en gång i tiden av kungafamiljen, men gavs till det svenska folket 1661. **Slottet** har bevarats väl och används fortfarande av kungafamiljen i dag. Det är också öppet för besökare från hela världen.

Jag är en av de lyckliga besökare som får se detta fantastiska palats på nära håll. När jag vandrar genom dess storslagna salar och rum kan jag **föreställa mig hur** livet måste ha varit för kungligheterna för flera hundra år sedan. Även om tiderna har förändrats är det något med denna plats som får mig att känna att jag **kliver** tillbaka i tiden. På min sista dag på Drottningholms slott tar jag en sista promenad runt på den fantastiska parken innan jag åker hem. När jag beundrar utsikten över Mälaren fångar **något** mitt öga.

om op te treden. Als ze me bereiken, beginnen ze levendige muziek te spelen en te dansen. Het is zo'n vrolijk gezicht dat ik niet anders kan dan meedoen! We dansen samen tot **de avond valt**, wanneer ze me eindelijk vaarwel zeggen. Terwijl ik ze in de duisternis zie verdwijnen, weet ik dat deze magische ervaring me voor altijd zal bijblijven. Hoofdstuk 1 Het paleis van Drottningholm is een prachtige plek. Het is het thuis geweest van veel Zweedse **koningen** en staat nu op de Werelderfgoedlijst. Het paleis ligt op een eiland in het Mälarmeer, net buiten Stockholm. Het eiland was ooit eigendom van de koninklijke familie, maar het werd in 1661 aan het Zweedse volk gegeven. Het **paleis is** goed bewaard gebleven en wordt vandaag de dag nog steeds gebruikt door de koninklijke familie. Het staat ook open voor bezoekers uit de hele wereld.

Ik ben een van die gelukkige bezoekers die dit verbazingwekkende paleis van dichtbij te zien krijgen. Terwijl ik door de grote zalen en kamers loop, kan ik **me voorstellen** hoe het leven van de royalty's er eeuwen geleden moet hebben uitgezien. Ook al zijn de tijden veranderd, toch is er iets aan deze plek dat me het gevoel geeft terug in de tijd te **stappen**. Op mijn laatste dag in paleis Drottningholm maak ik nog een laatste wandeling over het prachtige terrein voordat ik naar huis vertrek. Terwijl ik het uitzicht op het Mälarmeer bewonder, valt mijn oog op **iets**.

Frågor om förståelse

1. Vad heter slottet?

2. I vilket land ligger slottet?

3. Vad ligger palatset på?

4. När gavs ön till det svenska folket?

5. Vem använder slottet i dag?

6. Vad kan besökarna se när de går genom slottet?

7. Vilken känsla ger slottet författaren?

8. Vad ser författaren på deras sista dag på slottet?

9. Hur ser människorna i fjärran ut?

10. Vad tycker författaren om deras erfarenheter?

Begrip vragen

1. Wat is de naam van het paleis?

2. In welk land bevindt het paleis zich?

3. Waar ligt het paleis?

4. Wanneer werd het eiland aan het Zweedse volk gegeven?

5. Wie gebruikt het paleis vandaag?

6. Wat kunnen bezoekers zien als ze door het paleis lopen?

7. Welk gevoel geeft het paleis de schrijver?

8. Wat ziet de schrijver op hun laatste dag in het paleis?

9. Hoe zien de mensen in de verte eruit?

10. Wat vindt de auteur van hun ervaring?

Fika

Det var en varm höstdag i Sverige och **löven hade** precis börjat vända. Luften var krispig och Fika älskade inget mer än att sitta ute med en kopp kaffe och ett bakverk. Hon hade sin favoritplats vid älven där hon kunde se ankorna simma förbi. Det var fridfullt och lugnande, precis vad hon behövde efter en lång vecka på jobbet. Hon satte sig vid sitt vanliga bord, beställde sitt kaffe och sitt **bakverk** och satte sig ner för en avkopplande morgon. Men idag var det något som var annorlunda. Det fanns en känsla i luften som fick Fika att känna sig **orolig**. Hon försökte skaka av sig den, men hon kunde inte fokusera på något annat än känslan av att något dåligt var på väg att hända. Plötsligt hörde hon rop från andra sidan floden. En grupp **män** bråkade med varandra och det såg ut som om de skulle slåss.

Fikas hjärta började rusa när hon såg hur de knuffade runt varandra tills en av dem till slut drog fram en **kniv**. Fika frystes av rädsla när hon såg hur mannen kastade sig över den andre med kniven. Hon såg hur han högg honom i **magen och** sedan hände allting så snabbt. Offret föll till marken och angriparen började springa iväg. Fika ryckte äntligen upp sig ur sin **trance** och sprang över för att hjälpa mannen som hade

Fika

Het was een warme herfstdag in Zweden, en de **bladeren** begonnen net te verkleuren. De lucht was fris, en Fika deed niets liever dan buiten zitten met een kop koffie en een gebakje. Ze had haar favoriete plekje bij de rivier, waar ze de eenden voorbij kon zien zwemmen. Het was vredig en rustgevend, precies wat ze nodig had na een lange week op het werk. Ze ging aan haar gebruikelijke tafeltje zitten, bestelde haar koffie en **gebakje**, en maakte zich op voor een ontspannende ochtend. Maar vandaag was er iets anders. Er hing een gevoel in de lucht dat Fika een **ongemakkelijk** gevoel gaf. Ze probeerde het van zich af te schudden, maar ze kon zich op niets anders concentreren dan op het gevoel dat er iets ergs stond te gebeuren. Plotseling hoorde ze geschreeuw van de overkant van de rivier. Een groep **mannen** maakte ruzie met elkaar, en het leek erop dat ze zouden gaan vechten.

Fika's hart ging tekeer terwijl ze toekeek hoe ze elkaar duwden tot een van hen een **mes tevoorschijn** haalde. Fika stond verstijfd van angst toen ze zag hoe de man met het mes naar de ander uithaalde. Ze zag hoe hij hem in de **maag** stak en toen ging alles zo snel. Het slachtoffer viel op de grond en de aanvaller begon

blivit knivhuggen. Hon ringde 112 och gjorde sedan allt hon kunde för att hålla honom vid medvetande tills hjälpen anlände. Han **blödde** kraftigt, men han lyckades berätta för henne att han hette Anders innan han förlorade medvetandet. Fika stannade hos honom tills **ambulansen** kom och bad att han skulle bli bra. Anders överlevde attacken, men det var nära ögat. Han tillbringade veckor på sjukhuset för att återhämta sig från sina skador, men tack vare Fikas snabba tänkande återhämtade han sig helt och hållet. **Polisen** lyckades aldrig hitta hans angripare, men de misstänkte att det var någon från Anders förflutna som hade kommit tillbaka för att **hämnas**.

Fika besökte Anders ofta under hans **tillfrisknande och** de två blev vänner. Hon var glad att hon kunde hjälpa honom genom en så svår tid, och hon visste att deras möte inte bara var en slump - det var meningen. Fika och Anders fortsatte att hålla kontakten även efter att han släppts ut från sjukhuset. De hade båda fått en ny **uppskattning** för livet och de njöt av att tillbringa tid tillsammans. Fika hade äntligen hittat någon som förstod henne, och hon visste att deras vänskap var **speciell**. En dag, helt plötsligt, frågade Anders Fika om hon ville gifta sig med honom. Hon blev förvånad, men tvekade inte att säga ja. Hon visste att de hörde ihop och det fanns inget mer perfekt än att börja sina liv som man och hustru.

weg te rennen. Fika kwam eindelijk uit haar **trance** en rende naar de man die was neergestoken om hem te helpen. Ze belde 112 en deed alles wat ze kon om hem bij bewustzijn te houden tot er hulp kwam. Hij **bloedde** hevig, maar hij kon haar vertellen dat hij Anders heette voordat hij het bewustzijn verloor. Fika bleef bij hem tot de **ambulance** kwam, biddend dat hij beter zou worden. Anders overleefde de aanval, maar het scheelde niet veel. Hij lag wekenlang in het ziekenhuis te herstellen van zijn verwondingen, maar dankzij Fika's snelle reactie herstelde hij volledig. De **politie** heeft zijn aanvaller nooit kunnen vinden, maar vermoedde dat het iemand uit Anders' verleden was die terugkwam om **wraak te nemen**.

Fika bezocht Anders vaak tijdens zijn **herstel**, en de twee werden vrienden. Ze was blij dat ze hem door zo'n moeilijke tijd heen kon helpen, en ze wist dat hun ontmoeting geen toeval was - het was voorbestemd. Fika en Anders bleven contact houden nadat hij uit het ziekenhuis was ontslagen. Ze hadden allebei een nieuwe **waardering** voor het leven gekregen, en ze genoten ervan om samen tijd door te brengen. Fika had eindelijk iemand gevonden die haar begreep, en ze wist dat hun vriendschap **bijzonder** was. Op een dag vroeg Anders Fika onverwachts ten huwelijk. Ze was verrast, maar aarzelde niet om ja te zeggen. Ze wist dat ze bij elkaar hoorden en er was niets perfecters dan hun leven als man en vrouw te beginnen.

Frågor om förståelse

1. Vad fick Fika att känna sig orolig?

2. Vad såg hon på andra sidan floden?

3. Vem blev knivhuggen?

4. Vem sprang över för att hjälpa till?

5. Vad hette offret?

6. Hur överlevde offret?

7. Hur länge var offret på sjukhuset?

8. Vem misstänkte angriparen?

9. Vad frågade Anders Fika?

10. Vad var det för tillfälle som Fika och Anders gifte sig?

Begrip vragen

1. Waardoor voelde Fika zich ongemakkelijk?

2. Wat zag ze aan de overkant van de rivier?

3. Wie is er neergestoken?

4. Wie rende er heen om te helpen?

5. Wat was de naam van het slachtoffer?

6. Hoe heeft het slachtoffer het overleefd?

7. Hoe lang heeft het slachtoffer in het ziekenhuis gelegen?

8. Wie verdacht de aanvaller?

9. Wat vroeg Anders aan Fika?

10. Wat was de aanleiding van Fika en Anders' huwelijk?

På stranden

Efter soluppgången är vågorna högre och sanden ovanför tidvattnet är vit. Jag går ner till stranden och **beundrar** havet och solen. Mina tår känner skalens rännor. Sanden är kall på mina tår. Jag ler och fortsätter att gå. Tidvattnet är högt, så jag måste vara försiktig så att jag inte dras in. Jag går längs vattenkanten och beundrar havet. Soluppgången är **vacker och** vågorna slår mot varandra. Jag känner mig så fridfull. Jag kommer till en plats där det finns en klipphäll. Jag sätter mig ner och tittar på vågorna. Vattnet är så blått och himlen är så **orange**. Det känns som om jag befinner mig i en dröm. Jag blundar och lyssnar bara på vågorna. Jag satt där länge tills jag hörde någon ropa mitt namn.

Jag öppnar ögonen och ser min mamma gå mot mig. Hon har en orolig blick i ansiktet. Jag ler och vinkar och hon **slappnar av**. "Jag undrade vart du tog vägen", säger hon. "Jag är glad att du njuter av stranden." Jag svarar: "Det gör jag." "Det är så vackert här." "Jag vet", säger hon. "Jag brukade komma hit hela tiden när jag var i din ålder." "Verkligen?" Jag frågar. "Ja", svarar hon. "Det är ett speciellt ställe." "Träffade du någonsin någon speciell person här?" Jag frågar. "Det har jag gjort", svarar hon med ett leende. "Din far." "Verkligen?"

Op het strand

Na zonsopgang zijn de golven luider en het zand boven de vloed is wit. Ik loop naar het strand en **bewonder** de zee en de zon. Mijn tenen voelen de groeven van schelpen. Het zand is koud aan mijn tenen. Ik glimlach en loop door. Het is vloed, dus ik moet oppassen dat ik er niet in word getrokken. Ik loop langs de waterkant en bewonder de zee. De zonsopgang is **prachtig**, en de golven beuken. Ik voel me zo vredig. Ik kom op een plek waar een rots uitsteekt. Ik ga zitten en kijk naar de golven. Het water is zo blauw en de lucht is zo **oranje**. Ik voel me alsof ik in een droom ben. Ik sluit mijn ogen en luister alleen maar naar de golven. Ik zat daar een hele tijd, tot ik iemand mijn naam hoorde roepen.

Ik open mijn ogen en zie mijn moeder naar me toe lopen. Ze heeft een bezorgde blik op haar gezicht. Ik glimlach en zwaai, en ze **ontspant zich**. "Ik vroeg me al af waar je was," zegt ze. "Ik ben blij dat je van het strand geniet." Ik antwoord: "Dat doe ik." "Het is hier zo mooi." "Ik weet het," zegt ze. "Ik kwam hier altijd toen ik zo oud was als jij." "Echt waar?" Vraag ik. "Ja," antwoordt ze. "Het is een speciale plek." "Heb je hier ooit een speciaal iemand ontmoet?" Vraag ik. "Ik wel," antwoordt ze met een glimlach. "Je vader." "Echt waar?" Zeg ik, **verbaasd**. "Ja," zegt ze. "We kwamen hier altijd

Jag säger **förvånad**. "Ja", säger hon. "Vi brukade
komma hit hela tiden tillsammans. Det var här vi blev
förälskade. " Jag ler och **föreställer mig** mina föräldrar
som förälskade sig på denna vackra strand. "Det är en
speciell plats", upprepar hon. "Jag är glad att du kom hit
i dag."

Vi sitter där ett tag till och **tittar på** vågorna och
solnedgången. Sedan reser vi oss upp och går tillbaka
till våra strandhanddukar. Jag lägger mig ner och
tittar på stjärnorna. Jag känner mig så lycklig och
nöjd. Vågorna är högre nu och sanden är kall. Solen
håller på att gå ner och en sval bris blåser. Vågorna
slår mot stranden och lukten av salt ligger i luften.
Det är en perfekt kväll att vara på stranden. Jag går
längs stranden, **lyssnar** på vågornas ljud och tittar
på solnedgången. Jag ser en grupp människor som
sitter i sanden och skrattar och skämtar. De ser ut att
ha det jättebra. Jag går fram till dem och frågar om
jag får göra dem sällskap. De säger ja och vi tillbringar
resten av kvällen med att prata, skratta och titta på
solnedgången. Det är en perfekt kväll. Gruppen
och jag pratar tills solen går ner. Vi delar med oss av
historier och skämt och vi har alla väldigt roligt. När
kvällen börjar falla börjar vi alla känna oss trötta. Vi
kysser varandra **adjö** och går skilda vägar. Jag går
tillbaka till mitt hotell och känner mig lycklig och nöjd.
Jag kan inte fatta hur härligt det är här. Jag är så lyckligt
lottad som har fått **uppleva** det.

samen. Het is waar we verliefd werden. " Ik glimlach en **stel me voor hoe** mijn ouders verliefd werden op dit prachtige strand. "Het is een speciale plek," herhaalt ze. "Ik ben blij dat je hier vandaag bent."

We zitten daar nog een tijdje, **kijken naar** de golven en de zonsondergang. Dan staan we op en lopen terug naar onze strandhanddoeken. Ik ga liggen en kijk naar de sterren. Ik voel me zo gelukkig en tevreden. De golven zijn nu luider, en het zand is koud. De zon gaat onder en er waait een koel briesje. De golven beuken tegen de kust, en de geur van zout hangt in de lucht. Het is een perfecte avond om op het strand te zijn. Ik loop langs het strand, **luister** naar het geluid van de golven en kijk naar de zonsondergang. Ik zie een groep mensen op het zand zitten, lachend en grapjes makend. Ze zien eruit alsof ze het naar hun zin hebben. Ik loop naar ze toe en vraag of ik erbij mag komen zitten. Ze zeggen ja, en we brengen de rest van de avond door met praten, lachen en kijken naar de **zonsondergang**. Het is een perfecte avond. De groep en ik praten tot de zon ondergaat. We delen verhalen en grappen, en we hebben allemaal een geweldige tijd. Als de avond begint te vallen, beginnen we allemaal moe te worden. We kussen elkaar **vaarwel** en gaan uit elkaar. Ik loop terug naar mijn hotel en voel me gelukkig en tevreden. Ik kan niet geloven hoe mooi het hier is. Ik ben zo gelukkig dat ik het heb mogen **meemaken**.

Frågor om förståelse

1. Vart går berättaren efter att hon vaknat?

2. Vad beundrar berättaren när hon går längs stranden?

3. Vad måste berättaren se upp för när hon går längs stranden?

4. Var sätter sig berättaren för att njuta av utsikten?

5. Hur länge sitter berättaren där?

6. Vem ser berättaren när hon öppnar ögonen igen?

7. Vad säger berättarens mamma?

8. Vad pratar berättaren och de människor hon träffar om?

Begrip vragen

1. Waar gaat de vertelster heen nadat ze wakker is geworden?

2. Wat bewondert de vertelster als ze langs het strand loopt?

3. Waar moet de vertelster op letten als ze langs het strand loopt?

4. Waar gaat de verteller zitten om van het uitzicht te genieten?

5. Hoe lang blijft de verteller daar zitten?

6. Wie ziet de verteller als ze haar ogen weer opent?

7. Wat zegt de moeder van de verteller?

8. Waar praten de verteller en de mensen die ze ontmoet over?

Camping vid sjön

Jag går mot sjön och **beundrar den** fridfulla scenen. Solen slår ner på den lilla sjön och får vattnet att se ut som en glasskiva. Den enda rörelsen är enstaka krusningar från en fisk som **bryter** ytan. Till och med fåglarna verkar ta en paus från värmen, endast ljudet av cikador fyller luften. **Plötsligt** bryts lugnet av ett högt plask. En stor **fisk** har hoppat upp ur vattnet och försöker fånga en trollslända. Fisken missar sitt mål och faller tillbaka i vattnet med ett plask. "Wow", tänker jag för mig själv, "det var en stor fisk!". Jag tittade mig omkring för att se om någon annan hade sett den, men det fanns ingen i närheten. Jag antar att jag får berätta för dem när jag kommer tillbaka till lägret.

Värmen är **tryckande och det är** svårt att andas. Luften är tjock och tung, som en filt som sveps runt dig. Den enda lättnaden finns i vattnet. Det är svalt och uppfriskande, som en kall dryck en varm dag. Jag tar ett djupt andetag och dyker ner i vattnet. Lättnaden är omedelbar när det svala vattnet omger mig. Jag simmar ner till botten och sedan tillbaka upp till ytan och känner hur vattnet kyler min kropp. Jag fortsätter att **simma** varv, och njuter av andningen från värmen. Efter ett tag stiger jag upp ur vattnet och lägger mig på gräset för

Kamperen aan het meer

Ik loop naar het meer en **bewonder** de vredigheid van het tafereel. De zon schijnt op het meertje, waardoor het water een glazen plaat lijkt. De enige beweging is af en toe een rimpeling van een vis **die** het wateroppervlak breekt. Zelfs de vogels lijken een pauze te nemen van de hitte, met alleen het geluid van cicaden die de lucht vullen. **Plotseling** wordt de rust verbroken door een luide plons. Een grote **vis** is uit het water gesprongen, in een poging een libel te vangen. De vis mist zijn doel en valt met een plons terug in het water. "Wow," denk ik bij mezelf, "dat was een grote vis!." Ik keek om me heen om te zien of iemand anders hem had gezien, maar er was niemand in de buurt. Ik denk dat ik het ze zal moeten vertellen als ik terug ben in het kamp.

De hitte is **drukkend**, waardoor het moeilijk is om te ademen. De lucht is dik en zwaar, als een deken om je heen gewikkeld. De enige verlichting is in het water. Het is koel en verfrissend, als een koud drankje op een warme dag. Ik haal diep adem en duik in het water. De opluchting is onmiddellijk als het koele water me omringt. Ik zwem naar de bodem en dan weer naar de oppervlakte, terwijl ik voel hoe het water mijn lichaam afkoelt. Ik blijf baantjes trekken en geniet van de

att låta solen torka min kropp. Jag sluter ögonen och somnar, ljudet av **cikadorna** vaggar mig in i en djup sömn. Jag låter solen bränna vattnet ur min hud. Jag känner hur min hud blir röd, men jag bryr mig inte. Jag är för varm för att bry mig. nästa sak jag vet är att solen går ner. Himlen är vackert orange med strimmor av rosa och lila. Hettan är borta och ersätts av en sval **bris**.

Jag reser mig upp och tar på mig kläderna igen, känner mig fräsch och föryngrad. Jag tar ett djupt **andetag** av den svala luften och ler. Det känns bra att vara vid liv. Jag går tillbaka till lägerplatsen och beundrar hur färgerna dansar på himlen. Jag ser lägerelden brinna i fjärran och känner lukten av rök i luften. Jag ler och **ökar** tempot. Jag är redo att slappna av och njuta av resten av kvällen. Jag går in på lägerplatsen och ser att alla är samlade runt elden. De **skrattar** och skämtar, och jag kan se elden spegla sig i deras ögon. Jag ler och sätter mig bredvid mina vänner. Det är skönt att vara tillbaka. Nästa morgon vaknar jag tidigt och börjar packa mina saker. Jag är ivrig att komma tillbaka på leden och fortsätta min resa. Jag tar farväl av mina vänner och börjar gå iväg. Medan jag går tar jag en sista titt på **lägerplatsen**. Jag kan se att elden fortfarande brinner i fjärran och jag kan känna lukten av rök i luften.

afkoeling van de hitte. Na een tijdje kom ik uit het water en ga op het gras liggen, zodat de zon mijn lichaam kan drogen. Ik sluit mijn ogen en val in slaap, het geluid van de **cicaden** brengt me in een diepe slaap. Ik laat de zon het water uit mijn huid bakken. Ik voel dat mijn huid rood wordt, maar dat kan me niet schelen. Ik heb het te warm om me zorgen te maken. Het volgende dat ik weet, is dat de zon ondergaat. De lucht is prachtig oranje, met roze en paarse strepen. De hitte is weg, vervangen door een koel **briesje**.

Ik sta op en trek mijn kleren weer aan. Ik voel me verfrist en verjongd. Ik haal diep **adem** uit de koele lucht en glimlach. Het voelt goed om te leven. Ik loop terug naar de camping en bewonder de manier waarop de kleuren in de lucht dansen. In de verte zie ik het kampvuur branden, en ik ruik de rook in de lucht.
Ik glimlach en **versnel** mijn pas. Ik ben klaar om te ontspannen en te genieten van de rest van mijn avond. Ik loop de camping op en zie dat iedereen rond het vuur zit. Ze **lachen** en maken grapjes, en ik kan het vuur in hun ogen zien weerkaatsen. Ik glimlach en ga naast mijn vrienden zitten. Het is goed om terug te zijn. De volgende ochtend sta ik vroeg op en begin mijn spullen in te pakken. Ik sta te popelen om weer op pad te gaan en mijn reis voort te zetten. Ik neem afscheid van mijn vrienden en begin weg te lopen. Terwijl ik loop, werp ik nog een laatste blik op de **camping**. In de verte zie ik het vuur nog branden en ik ruik de rook in de lucht.

Frågor om förståelse

1. Vart är gående på väg?

2. Vilket väder är det?

3. Hur ser vattnet ut?

4. Hur reagerar gående på värmen?

5. Vad gör fisken?

6. Varför är vandraren ensam?

7. Hur känns vattnet?

8. Hur känner sig gångaren efter simningen?

9. Vilken tid på dygnet är det när den rullatorn vaknar?

10. Vart tar vandraren vägen när han lämnar lägret?

Begrip vragen

1. Waar gaat de wandelaar heen?

2. Wat voor weer is het?

3. Hoe ziet het water eruit?

4. Hoe reageert de wandelaar op de hitte?

5. Wat doet de vis?

6. Waarom is de wandelaar alleen?

7. Hoe voelt het water aan?

8. Hoe voelt de wandelaar zich na het zwemmen?

9. Hoe laat is het als de wandelaar wakker wordt?

10. Waar gaat de wandelaar heen als hij het kamp verlaat?

Huset

Jag flyttade in i mitt nya hus förra veckan, och jag är så **glad**! Det är så mycket större än mitt gamla och har en stor bakgård. Jag kan inte vänta på att få bjuda in vänner till grillkvällar och fester. Min favoritdel är mitt nya sovrum. Det är så stort och ljust, och jag har massor av utrymme att ställa alla mina saker. Jag är verkligen nöjd med mitt nya hus och jag tror att jag kommer att bli väldigt lycklig här. Jag bestämde mig för att utforska huset lite mer. Jag gick upp till andra våningen och började ta mig till köket när jag såg en stor svart spindel på väggen! Jag skrek och sprang ner för trappan. Jag var så **rädd**! Men efter några minuter lugnade jag mig och bestämde mig för att gå upp igen. Jag tog mig sakta fram till köket och såg att spindeln var borta. Jag var så lättad! Jag gick ner igen och bestämde mig för att gå ut och utforska **bakgården**. Den var så stor! Jag kunde inte tro det. Jag såg en gungställning i hörnet och en rutschkana. Jag såg också ett basketnät och en **studsmatta**. Jag var så uppspelt!

Jag kan inte vänta på att få använda alla dessa nya saker. **Grannarna** kom över och presenterade sig. De verkade riktigt trevliga och vi pratade en stund. De bjöd in mig till deras grillfest nästa helg, och jag sa att jag gärna vill komma. Jag har haft en fantastisk första

Het Huis

Ik ben vorige week in mijn nieuwe huis getrokken, en ik ben zo **opgewonden**! Het is zoveel groter dan mijn oude, en het heeft een grote achtertuin. Ik kan niet wachten om vrienden uit te nodigen voor BBQ's en feestjes. Mijn **favoriete** deel is mijn nieuwe slaapkamer. Hij is zo groot en licht, en ik heb veel ruimte om al mijn spullen op te bergen. Ik ben echt blij met mijn nieuwe huis en ik denk dat ik hier heel gelukkig zal zijn. Ik besloot om het huis nog wat verder te verkennen. Ik ging naar boven naar de tweede verdieping en ging op weg naar de keuken toen ik een grote zwarte spin op de muur zag! Ik gilde en rende naar beneden. Ik was zo **bang**! Maar na een paar minuten was ik gekalmeerd en besloot ik terug naar boven te gaan. Ik ging langzaam naar de keuken en zag dat de spin weg was. Ik was zo opgelucht! Ik ging terug naar beneden en besloot naar buiten te gaan om de **achtertuin te verkennen**. Hij was zo groot! Ik kon het niet geloven. Ik zag een schommel in de hoek en een glijbaan. Ik zag ook een basketbalnet en een **trampoline**. Ik was zo opgewonden!

Ik kan niet wachten om al deze nieuwe spullen te gebruiken. De **buren** kwamen langs en stelden zich voor. Ze leken erg aardig, en we hebben een tijdje gepraat. Ze nodigden me uit voor hun BBQ volgend

vecka i mitt nya hus, och jag är förväntansfull inför alla nya äventyr som ligger framför mig. I dag ska jag gå på upptäcktsfärd på bakgården igen och se vad jag kan hitta mer. Vem vet, kanske hittar jag till och med en **skatt**. Jag kan inte vänta på att se vad nästa vecka kommer att föra med sig! Nästa vecka gick jag på upptäcktsfärd i trädgården igen och hittade en **hemlig** trädgård. Den var så vacker! Det fanns blommor överallt och en liten damm med fiskar i. Jag såg också en gungställning som jag inte hade sett förut. Jag blev så glad över att hitta den här hemliga trädgården och jag kan inte vänta på att utforska den mer. Den var så **vacker**!

Det fanns blommor överallt och en liten damm med fiskar i. Jag såg också en gungställning som jag inte hade sett förut. Jag var så glad över att hitta den här hemliga trädgården och jag kan inte vänta på att utforska den mer. Jag älskade också mitt nya rum. Det var så stort och ljust, och det fanns redan affischer med mina favoritband på väggarna. Jag behövde inte ens ta med mig några egna **möbler** eftersom det redan fanns en säng, en byrå och ett skrivbord här. Det här kommer att bli det bästa året någonsin! Jag var lite nervös över att börja på en ny **skola,** men alla mina nya grannar har varit så vänliga. Jag har till och med träffat en tjej som bor bredvid och hon säger att hon ska gå till skolan med mig på min första dag.

weekend, en ik zei dat ik graag zou komen. Ik had een geweldige eerste week in mijn nieuwe huis, en ik ben opgewonden over alle nieuwe avonturen die in het verschiet liggen. Vandaag ga ik weer op verkenning in de achtertuin en kijken wat ik nog meer kan vinden. Wie weet, misschien vind ik wel een **schat**. Ik kan niet wachten om te zien wat de volgende week brengt! De volgende week ging ik weer op verkenning in de achtertuin, en ik vond een **geheime** tuin. Het was zo mooi! Er waren overal bloemen en een kleine vijver met vissen erin. Ik zag ook een schommel die ik nog niet eerder had gezien. Ik was zo opgewonden toen ik deze geheime tuin vond, en ik kan niet wachten om hem verder te verkennen. Het was zo **mooi**!

Er waren overal bloemen en een kleine vijver met vissen erin. Ik zag ook een **schommel** die ik nog niet eerder had gezien. Ik was zo opgewonden toen ik deze geheime tuin vond, en ik kan niet wachten om hem verder te verkennen. Ik vond mijn nieuwe kamer ook geweldig. Hij was zo groot en licht, en er hingen al posters van mijn favoriete bands aan de muur. Ik hoefde niet eens mijn eigen **meubels** mee te nemen, want er stonden al een bed, een dressoir en een bureau. Dit wordt het beste jaar ooit! Ik was een beetje nerveus om op een nieuwe **school** te beginnen, maar al mijn nieuwe buren zijn zo vriendelijk. Ik heb zelfs een meisje ontmoet dat naast me woont, en ze zegt dat ze op mijn eerste dag met me naar school zal lopen.

Frågor om förståelse

1. Var bor personen?

2. Hur trivs personen i det nya huset?

3. Vad är personens favoritdel i det nya huset?

4. Vad hittade personen i trädgården?

5. Vilka är grannarna?

6. Hur kändes de första dagarna i det nya huset?

7. Vad är personens favoritdel i det nya rummet?

8. Vad planerar personen att göra i morgon?

9. Vad var det bästa med personens första vecka i det nya huset?

10. Vad finns i personens nya rum?

Begrip vragen

1. Waar woont de persoon?

2. Hoe vindt de persoon het in het nieuwe huis?

3. Wat is het favoriete deel van het nieuwe huis van de persoon?

4. Wat heeft de persoon in de tuin gevonden?

5. Wie zijn de buren?

6. Hoe voelde de persoon zich de eerste dagen in het nieuwe huis?

7. Wat is het favoriete deel van de nieuwe kamer van de persoon?

8. Wat is de persoon van plan morgen te doen?

9. Wat was het beste deel van de eerste week van de persoon in het nieuwe huis?

10. Wat is er allemaal in de nieuwe kamer van de persoon?

På tåget

Jag sprang till tågstationen, men det var för sent. Tåget hade redan gått utan mig. Jag kände mig så **arg** och **besviken** på mig själv. Jag hade planerat att ta tåget för att besöka mina morföräldrar som bor på landet, men nu skulle jag behöva vänta en hel timme på nästa tåg. Jag bestämde mig för att gå runt i staden en stund i stället och försökte glömma min missade möjlighet. Medan jag gick började jag **dagdrömma** om alla de platser som **tågen** kan ta en till. Plötsligt var jag inte längre så upprörd. Jag går tillbaka in på stationen och kan inte låta bli att lägga märke till det stora röda, vita och blå lokomotivet som tuffar fram mot mig. Det är inte förrän jag ser **konduktören** vinka till mig från fönstret som jag förstår att det här tåget är till mig. Jag går ombord på tåget och hittar min plats och sätter mig ner för vad som lovar att bli en lång resa.

När vi lämnar stationen kan jag inte låta bli att undra vart tåget kommer att ta mig. Genom gröna **fält** och över blå floder, förbi berg och dalar, det går inte att säga vart det här gamla tåget kommer att ta vägen. När mörkret börjar falla glider jag in i en **fridfull** sömn, vaggad av den **rytmiska** rörelsen av vagnarna på spåren nedanför. När morgonen kommer igen öppnar jag ögonen och upptäcker att vi har anlänt till en liten

In de trein

Ik rende naar het treinstation, maar ik was te laat.
De trein was al vertrokken zonder mij. Ik voelde me
zo **boos** en **teleurgesteld** in mezelf. Ik was van plan
om met de trein naar mijn grootouders te gaan die
op het platteland wonen, maar nu moest ik een heel
uur wachten op de volgende trein. Ik besloot in plaats
daarvan een eindje door de stad te lopen en probeerde
mijn gemiste kans te vergeten. Terwijl ik liep, begon
ik **te dagdromen** over alle plaatsen waar **treinen** je
kunnen brengen. Plotseling was ik niet meer zo van
streek. Ik liep terug naar het station en zag de grote
rood-wit-blauwe locomotief die op me af kwam rijden.
Pas als ik de **conducteur** vanuit het raam naar me zie
zwaaien, realiseer ik me dat deze trein voor mij is. Ik
stap in de trein en zoek een zitplaats. Ik ga zitten voor
wat een lange reis belooft te worden.

Terwijl we het station uitrijden, vraag ik me af waar deze
trein me heen zal brengen. Door groene **velden** en over
blauwe rivieren, langs bergen en valleien, het is niet
te zeggen waar deze oude trein heen zal gaan. Als de
nacht begint te vallen, drijf ik weg in een **vredige** slaap,
gewiegd door de **ritmische** beweging van de wagons
op de sporen beneden. Als het weer ochtend wordt,
open ik mijn ogen en zie dat we in een klein stadje

stad någonstans mitt ute i ingenstans. Solen tittar precis över horisonten när lokalbefolkningen börjar mingla runt på Main Street; det ser ut som vilken dag som helst här förutom en sak - det finns en stor skylt uppsatt nära stadshuset där det står "Välkommen ombord!". Det verkar som om den här lilla staden har väntat på oss, trots att vi bara är ett vanligt passagerartåg som passerar på väg någon annanstans. När vi återigen lämnar staden bakom oss och tuffar vidare mot vem vet vart vi ska, ler jag åt alla vänliga ansikten som vinkar adjö från de små husen som ligger inbäddade bland **jordbruksmarken - det** är verkligen fantastiskt hur något så till synes ordinärt kan ge så mycket glädje bara genom att passera. Och sedan finns det naturligtvis **barnen**.

Jag lutar mig ut genom fönstret på mitt lokomotiv. De får mig alltid att känna mig så lycklig med sina lysande ögon och stora leenden. Jag vinkade energiskt tillbaka till dem innan jag återvände till min **hytt** och satte mig ner. Det har redan varit en lång dag, men den är inte över än; det är fortfarande några timmar kvar tills vi når vår **slutdestination**. Jag tar fram min bok och börjar läsa och låter tågets rytmiska gungning vagga mig in i ett lugnt tillstånd. Då och då tittar jag upp på landskapet som passerar förbi utanför - det blir aldrig gammalt hur många gånger jag än ser det. Så småningom börjar det bli mörkt och **blinkande** ljus börjar synas i fjärran; vi börjar närma oss nu.

ergens in niemandsland zijn aangekomen. De zon komt net boven de horizon als de plaatselijke bevolking zich in de hoofdstraat begint te mengen; het ziet er hier uit als elke andere dag, behalve één ding - er hangt een groot bord bij het stadhuis met de tekst "Welkom aan boord!" Het lijkt erop dat dit stadje ons verwacht, ook al zijn we maar een gewone passagierstrein op doorreis naar elders. Terwijl we de stad weer achter ons laten, op weg naar wie weet waar, glimlach ik om al die vriendelijke gezichten die ons uitzwaaien vanuit die kleine huisjes tussen **het boerenland -** het is echt verbazingwekkend hoe iets dat zo gewoon lijkt, zoveel vreugde kan brengen door er gewoon langs te rijden. En dan, natuurlijk, zijn er de **kinderen**.

Ik leun uit het raam van mijn locomotief. Ze maken me altijd zo blij met hun stralende ogen en grote grijnzen. Ik zwaai energiek naar ze terug voordat ik terugga naar mijn **cabine** en ga zitten. Het was al een lange dag, maar hij is nog niet voorbij; het duurt nog een paar uur voordat we onze **eindbestemming** bereiken. Ik pak mijn boek en begin te lezen, terwijl het ritmische schommelen van de trein me in een vredige toestand brengt. Af en toe kijk ik op naar het landschap dat buiten aan me voorbijtrekt - het verveelt nooit, hoe vaak ik het ook zie. Uiteindelijk begint de nacht te vallen en verschijnen er **twinkelende** lichtjes in de verte; we komen nu in de buurt.

Frågor om förståelse

1. Vart är tåget på väg?

2. Vem reser med tåget?

3. När avgår tåget?

4. Hur kommer huvudpersonen ombord på tåget?

5. Varifrån kommer tåget?

6. Vart ska tåget åka nästa gång?

7. När anlände passagerarna?

8. Hur känner sig huvudpersonen när han missar tåget?

9. Hur reagerar lokföraren när han ser huvudpersonen?

10. Varför gillar huvudpersonen tåg?

Begrip vragen

1. Waar gaat de trein heen?

2. Wie reist er met de trein?

3. Wanneer vertrekt de trein?

4. Hoe komt de hoofdpersoon op de trein?

5. Waar komt de trein vandaan?

6. Waar gaat de trein nu heen?

7. Wanneer zijn de passagiers aangekomen?

8. Hoe voelt de hoofdpersoon zich als hij de trein mist?

9. Hoe reageert de treinmachinist als hij de hoofdpersoon ziet?

10. Waarom houdt de hoofdpersoon van treinen?

Matlagning av middag

Klockan är 17.00 och jag går hem från jobbet. Jag ser **fram emot en** lugn kväll hemma med min partner. Vi ska laga middag tillsammans och sedan bara slappna av resten av kvällen. Det känns skönt att veta att jag inte har några planer eller skyldigheter den här **kvällen**. Jag kommer hem och min partner står redan i köket och börjar förbereda vår middag. Det luktar **fantastiskt** här inne! Vi pratar medan vi lagar mat, tar del av varandras dagar och delar med oss av små historier från våra arbetsliv. Köket är mitt favoritrum i vår lägenhet. Jag älskar att laga mat, och jag älskar särskilt att laga mat tillsammans med min partner. Vi har alltid så roligt här inne, skrattar och skämtar medan vi lagar en storm. Dessutom blir maten alltid **otrolig** när vi arbetar **tillsammans**.

Ikväll ska vi laga ett av mina absoluta favoritrecept: **kyckling** parmesan. Min partner börjar med att panera kycklingen medan jag får såsen att sjuda på **spisen**. Vi arbetar tillsammans som en väloljad maskin och snart är middagen klar att serveras. Vi sätter oss vid vårt lilla köksbord med **tallrikar** fulla med kyckling parmesan, pasta och sallad. Vi klinkar i glasen och tar vår första tugga - och den är **himmelsk**! Kycklingen

Diner koken

Het is nu 5 uur 's middags en ik loop van mijn werk naar huis. Ik kijk **uit** naar een rustige avond thuis met mijn partner. We zullen samen eten koken en dan de rest van de avond ontspannen. Het voelt goed om te weten dat ik deze **avond** geen plannen of verplichtingen heb. Ik kom thuis en mijn partner is al in de keuken om ons eten klaar te maken. Het ruikt hier geweldig! We kletsen terwijl we koken, praten bij over elkaars dagen en delen kleine verhalen uit ons werkleven. De keuken is mijn favoriete kamer in ons appartement. Ik hou van koken, en vooral van koken met mijn partner. We hebben het hier altijd zo gezellig, we lachen en maken grapjes terwijl we koken. En het eten is altijd **heerlijk** als we **samenwerken**.

Vanavond maken we een van m'n lievelingsrecepten: Parmezaanse kip. Mijn partner begint met het paneren van de kip, terwijl ik de saus op het **fornuis** laat pruttelen. We werken samen als een goed geoliede machine en al snel is het eten klaar om op te dienen. We gaan aan onze kleine keukentafel zitten met **borden** vol met Parmezaanse kip, pasta en salade. We klinken op de glazen en nemen onze eerste hap, en het is **hemels**! De kip is knapperig van buiten maar

är krispig på utsidan men saftig på insidan, såsen
är smakrik och perfekt, pastan är kokt al dente... allt
smakar helt perfekt ikväll. Vi vet båda att det här var
en av de kvällar där allting bara kom samman perfekt
när vi **njuter av** varenda tugga av vår utsökta måltid.
Den smakade ännu bättre än den luktade - vilket var
jäkligt bra! Vi avslutar vår måltid relativt snabbt eftersom
ingen av oss är särskilt hungrig idag, men vi tar oss tid
att njuta av ytterligare några **glas** vin medan vi pratar
lätt om det ena och det andra ämnet. Efter middagen
städar vi snabbt tillsammans och flyttar sedan in i
vardagsrummet där vi tillbringar lite tid med att **mysa** i
soffan medan vi tittar på TV.

Det känns så skönt att bara vara nära varandra efter
en lång **arbetsdag**. Jag känner mig nöjd. Även om vi
inte hade någon händelserik kväll var det trevligt att
bara tillbringa lite tid tillsammans utan att behöva lämna
huset. Vi tittade på en film och gick tidigt till sängs och
kände oss **nöjda** med vår enkla kväll. Detta har blivit
en av våra favoritsaker att göra på kvällar när vi inte vill
gå ut - bara koppla av hemma och njuta av varandras
sällskap över en hemlagad måltid. Det är alltid trevligt
att veta att vi kan komma tillbaka hit efter en lång dag
och bara vara oss själva.

sappig van binnen; de saus is smaakvol en perfect; de pasta is al dente gekookt... alles smaakt absoluut perfect vanavond. We weten allebei dat dit een van die avonden was waarop alles perfect samenkwam en we **genieten van** elke laatste hap van onze heerlijke maaltijd. Het smaakte nog beter dan het rook, en dat was verdomd goed! We eten relatief snel, omdat geen van ons beiden vandaag honger heeft, maar we nemen de tijd om nog een paar **glazen** wijn te drinken terwijl we luchtig kletsen over van alles en nog wat. Na het eten ruimen we snel samen op en gaan dan naar de woonkamer, waar we een poosje **knuffelen** op de bank terwijl we TV kijken.

Het voelt zo fijn om dicht bij elkaar te zijn na een lange dag apart **werken**. Ik voel me voldaan. Ook al hadden we geen avond vol belevenissen, het was fijn om gewoon wat tijd met elkaar door te brengen zonder het huis uit te hoeven. We keken een film en gingen vroeg naar bed, met een **voldaan** gevoel over onze eenvoudige avond. Dit is een van onze **favoriete** dingen geworden om te doen op avonden dat we niet uit willen gaan - gewoon thuis ontspannen en genieten van elkaars gezelschap tijdens een zelfgekookte maaltijd. Het is altijd fijn om te weten dat we hier na een lange dag kunnen terugkomen en gewoon onszelf kunnen zijn.

Frågor om förståelse

1. Varifrån kommer berättaren?

2. Vad gör berättaren efter jobbet?

3. Vad äter berättaren till middag?

4. Varför gillar berättaren köket?

5. Vilken typ av maträtt lagar paret?

6. Hur känner sig berättaren i slutet av kvällen?

7. Vad är parets favoritsak att göra?

8. Vad gör paret när de blir trötta?

9. Var sover de?

10. Varför vill berättaren stanna hemma?

Begrip vragen

1. Waar komt de verteller vandaan?

2. Wat doet de verteller na het werk?

3. Wat eet de verteller als avondeten?

4. Waarom houdt de verteller van de keuken?

5. Wat voor gerecht kookt het stel?

6. Hoe voelt de verteller zich aan het eind van de avond?

7. Wat is het favoriete ding van het koppel om te doen?

8. Wat doet het stel als ze moe worden?

9. Waar slapen ze?

10. Waarom blijft de verteller graag thuis?

Att gå hem

Det var en **lugn** natt när jag gick hem från jobbet.
När jag gick kunde jag inte låta bli att le åt minnena.
Det kändes bra att vara tillbaka i mitt gamla kvarter.
Jag vinkade till några personer som jag kände och de
vinkade tillbaka. Det var skönt att vara hemma. Jag gick
förbi min gamla skola och **mindes** alla goda stunder
som jag hade haft med mina vänner. Vi brukade alltid
gå hem tillsammans och prata om vår dag. **Ibland**
stannade vi och köpte glass eller gick till parken. Det
var de bästa tiderna. Jag saknar den tiden. Men nu har
jag min egen familj och är nöjd med mitt liv. Jag är glad
att jag kan se tillbaka på dessa minnen och le. De är en
del av mitt liv som jag alltid kommer att uppskatta. Det
var den bästa tiden. Jag saknar den tiden. Men nu har
jag min egen familj och är lycklig med mitt liv. Jag är
glad att jag kan se tillbaka på dessa **minnen** och le. De
är en del av mitt liv som jag alltid kommer att uppskatta.

Jag fortsätter att gå och tänker på de fina stunderna
med mina vänner. Jag vet att jag snart kommer att träffa
dem igen. Jag går mot mitt hem och bestämmer mig
för att gå genom en park i närheten. Solen håller på att
gå ner och himlen får en **vacker** orange färg. Parken är
tom, förutom några fåglar som kvittrar i träden. Jag tar
ett djupt **andetag och** ler. När jag går genom parken

Walking Home

Het was een **rustige** avond toen ik van mijn werk naar huis liep. Terwijl ik liep, kon ik niet anders dan glimlachen bij de herinneringen. Het voelde goed om terug in mijn oude buurt te zijn. Ik zwaaide naar een paar mensen die ik kende, en zij zwaaiden terug. Het was goed om thuis te zijn. Ik liep langs mijn oude school en **herinnerde me** alle leuke tijden die ik had met mijn vrienden. We liepen altijd samen naar huis en praatten over onze dag. **Soms** stopten we om een ijsje te halen of gingen we naar het park. Dat waren de beste tijden. Ik mis die tijden. Maar nu heb ik mijn eigen familie en ik ben blij met mijn leven. Ik ben blij dat ik op die herinneringen kan terugkijken en glimlachen. Ze zijn een deel van mijn leven dat ik altijd zal koesteren. Dat waren de beste tijden. Ik mis die tijden. Maar nu heb ik mijn eigen familie en ben ik gelukkig met mijn leven. Ik ben blij dat ik kan terugkijken op die **herinneringen** en kan glimlachen. Ze zijn een deel van mijn leven dat ik altijd zal koesteren.

Ik blijf lopen, denkend aan de goede tijden die ik had met mijn vrienden. Ik weet dat ik ze snel weer zal zien. Ik ga richting mijn huis en besluit door een park in de buurt te lopen. De zon gaat onder en de lucht kleurt **prachtig** oranje. Het park is leeg, behalve een

ser jag ett stjärnskott röra sig över himlen. Jag önskar mig något på den stjärnan och fortsätter att gå. Jag tänker på min dag på jobbet och hur **fridfull** den var. Jag ler för mig själv och tänker på hur lycklig jag är som har ett så bra jobb. Jag går hem och **känner den** svala nattluften på min hud. Jag känner mig så levande och lycklig, när jag bara njuter av den enkla handlingen att gå hem en lugn natt. Jag kände mig så bra att jag började **vissla**. Jag gick förbi några människor på gatan, men alla skötte sig själva.

Jag svängde runt hörnet på min gata och såg grannens katt, Mr Whiskers, sitta på min veranda. Jag sa hej till honom och han mejade tillbaka. Jag **låste upp** min dörr och gick in. Jag var så glad över att vara hemma. Jag tog av mig skorna och gjorde mig redo för sängen. Jag gick till sängs den kvällen och kände mig lycklig och tacksam, mitt hjärta fullt av kärlek. Jag sov gott hela natten och oroade mig inte för någonting. Jag vaknade upp från en vilsam sömn och **möttes** av solen som sken in genom mitt fönster. Jag gick upp ur sängen och sträckte mig, tog ett djupt andetag och kände hur den svala luften fyllde mina lungor. Jag gick till mitt fönster och tittade ut, hörde fåglarna kvittra och **ekorrarna** leka. Jag log och gick och klädde på mig och kände mig glad och nöjd.

paar vogels die in de bomen tjilpen. Ik haal diep **adem** en glimlach. Terwijl ik door het park loop, zie ik een vallende ster door de lucht scheren. Ik doe een wens op die ster, en loop verder. Ik denk aan mijn dag op het werk en hoe **vredig** het was. Ik glimlach in mezelf, denkend aan hoe gelukkig ik ben dat ik zo'n geweldige baan heb. Ik loop naar huis en **voel** de koele nachtlucht op mijn huid. Ik voel me zo levendig en gelukkig, gewoon genietend van de eenvoudige handeling van het naar huis lopen op een vredige avond.
Ik voelde me zo goed, dat ik begon te **fluiten**. Ik liep langs een paar mensen op straat, maar ze bemoeiden zich allemaal met hun eigen zaken.

Ik draaide de hoek van mijn straat om en zag de kat van mijn buren, Mr. Whiskers, op mijn veranda zitten. Ik zei hem gedag en hij miauwde terug. Ik **deed** mijn deur **van het slot** en ging naar binnen. Ik was zo blij om thuis te zijn. Ik trok mijn schoenen uit en maakte me klaar om naar bed te gaan. Ik ging die avond naar bed met een blij en dankbaar gevoel, mijn hart vol liefde. Ik sliep de hele nacht rustig door, zonder me ergens zorgen over te maken. Ik werd wakker uit een rustgevende slaap en werd **begroet** door de zon die door mijn raam naar binnen scheen. Ik stapte uit bed en rekte me uit, haalde diep adem en voelde hoe de koele lucht mijn longen vulde. Ik liep naar mijn raam en keek naar buiten, hoorde de vogels kwetteren en de **eekhoorns** spelen. Ik glimlachte en kleedde me aan, blij en tevreden.

Frågor om förståelse

1. Vad gjorde huvudpersonen när berättelsen började?

2. Vad tänkte huvudpersonen på när han gick hem?

3. Vad brukade huvudpersonen göra med sina vänner efter skolan?

4. Vad saknar huvudpersonen från den tiden?

5. Vad tycker huvudpersonen om sitt nuvarande liv?

6. Vad gör huvudpersonen när de ser ett stjärnfall?

7. Hur känner sig huvudpersonen när de går hem?

8. Vad gör huvudpersonen när de kommer hem?

9. Hur känner sig huvudpersonen när han vaknar nästa morgon?

10. Vad gör huvudpersonen nästa dag?

Begrip vragen

1. Wat was de hoofdpersoon aan het doen toen het verhaal begon?

2. Waar dacht de hoofdpersoon aan toen hij naar huis liep?

3. Wat deed de hoofdpersoon vroeger met vrienden na school?

4. Wat mist de hoofdpersoon van die tijd?

5. Wat vindt de hoofdpersoon van zijn huidige leven?

6. Wat doet de hoofdpersoon als hij een vallende ster ziet?

7. Hoe voelt de hoofdpersoon zich als ze naar huis lopen?

8. Wat doet de hoofdpersoon als ze thuiskomen?

9. Hoe voelt de hoofdpersoon zich als hij de volgende ochtend wakker wordt?

10. Wat doet de hoofdpersoon de volgende dag?

Slottet

Familjen hade alltid velat besöka ett gammalt slott i **Tyskland,** och till slut gjorde de resan. De blev inte **besvikna**. Slottet var vackert och de njöt av att utforska dess många rum och korridorer. Det första som slog dem var lukten. De hittade **mögel**, fukt och något annat som de inte riktigt kunde sätta fingret på. Det andra var ljudet. Stenväggar är tjocka, men de dämpar inte ljudet helt och hållet. De hörde varje fotsteg, varje ord som sades med normal röst och ibland droppade vatten **någonstans** i fjärran. När deras ögon anpassade sig till det svaga ljuset såg de massiva stenväggar som tornade upp sig runt omkring dem och från dem hängde gobelänger i **trasiga** fragment. De stod i en enorm hall med högt tak som stöddes av snidade pelare. De älskade också utsikten från tornen, och barnen hade en fantastisk tid att springa runt på området. **Solen** hade börjat gå ner när de var klara med att utforska slottet, och de ångrade att de inte hade tagit med sig en **ficklampa**. De bestämde sig för att ta sig tillbaka till ingången, men fann sig snart vilse. De vandrade runt i vad som kändes som timmar, tills de till slut kom till en dörr som ledde ut. De fortsatte tills de **nådde** slutet av hallen och kom till en imponerande uppsättning dubbeldörrar. De försökte hur mycket som helst, men dörrarna rörde sig inte. De skramlade **betänkligt** men rörde sig inte en tum. Det såg ut som om den som

Het kasteel

De familie had altijd al eens een oud kasteel in **Duitsland** willen bezoeken, en eindelijk hebben ze de reis gemaakt. Ze werden niet **teleurgesteld**. Het kasteel was prachtig, en ze genoten van het verkennen van de vele kamers en gangen. Het eerste wat hen trof was de geur. Ze vonden **schimmel**, vochtigheid, en iets anders waar ze hun vinger niet op konden leggen. Het tweede was het geluid. Stenen muren zijn dik, maar ze dempen het geluid niet volledig. Ze hoorden elke voetstap, elk woord dat met een normale stem werd gesproken, en af en toe een druppeltje water **ergens** in de verte. Toen hun ogen zich aanpasten aan het zwakke licht, zagen zij overal om hen heen massieve stenen muren opdoemen, waaraan wandtapijten in flarden hingen. Ze stonden in een enorme hal met een hoog plafond, ondersteund door gebeeldhouwde pilaren. Ze hielden ook van het uitzicht vanaf de torentjes, en de kinderen vermaakten zich met rondrennen over het terrein. De **zon** begon al onder te gaan tegen de tijd dat ze klaar waren met het verkennen van het kasteel, en ze betreurden het dat ze geen **zaklamp** hadden meegenomen. Ze besloten om terug te gaan naar de ingang, maar al snel waren ze verdwaald. Ze dwaalden urenlang rond, tot ze eindelijk een deur tegenkwamen die naar buiten leidde. Ze liepen door tot ze **aan het** eind van de gang

varit här tidigare måste ha gått igenom här och låst dem inifrån. Så småningom hittar de en väg ut. Lättnad sköljde över dem när de klev ut i den svala nattluften.

Solen hade börjat gå ner och de **ångrade** att de inte hade tagit med sig en ficklampa. De bestämde sig för att ta sig tillbaka till ingången, men fann sig snart vilse. De vandrade runt i vad som kändes som timmar, tills de till slut kom till en dörr som ledde **ut**. Lättnad sköljde över dem när de klev ut i den svala nattluften. Nästa kväll såg de till att ta med sig en ficklampa när de utforskade resten av slottet. De gick genom **gården** och ner till floden som rann bakom **slottets** murar. Medan de gick runt började de höra konstiga ljud. Det lät som om någon följde efter dem. De ökade tempot, men ljuden blev högre och närmare. Familjen sprang tillbaka till slottet så fort de kunde, och de var lättade över att se att figuren i den **mörka** kappan inte hade följt efter dem.

kwamen bij een imposant stel dubbele deuren. Hoe ze ook probeerden, de deuren wilden niet bewegen. Ze rammelden **onheilspellend**, maar bewogen geen centimeter. Het leek erop dat degene die hier eerder was, hier doorheen was gegaan en ze van binnenuit had afgesloten. Uiteindelijk vinden ze een uitweg. Opluchting overspoelde hen toen ze naar buiten stapten in de koele nachtlucht.

De zon begon onder te gaan en zij **betreurden het** dat zij geen zaklamp hadden meegenomen. Ze besloten terug te gaan naar de ingang, maar al gauw waren ze verdwaald. Ze dwaalden urenlang rond, tot ze eindelijk een deur tegenkwamen die **naar buiten** leidde. Opluchting overviel hen toen ze naar buiten stapten in de koele nachtlucht. De volgende avond namen ze een zaklamp mee om de rest van het kasteel te verkennen. Ze liepen over de **binnenplaats** en naar de rivier die achter de kasteelmuren stroomde. Terwijl ze rondliepen, begonnen ze vreemde geluiden te horen. Het klonk alsof iemand hen volgde. Ze versnelden hun pas, maar de geluiden werden luider en dichterbij. De familie rende zo snel als ze konden terug naar het kasteel, en ze waren opgelucht toen ze zagen dat de figuur in de **donkere** mantel hen niet was gevolgd.

Frågor om förståelse

1. Vad gjorde familjen när de gick vilse i slottet?

2. Hur kände sig familjen när de fick reda på att det bara var en lokal man?

3. Vad gjorde mannen som gjorde att han blev arresterad?

4. Vilken var domen för mannen?

5. Vilket ljud hörde familjen när de gick?

6. Var befann sig figuren i den mörka kappan när familjen såg honom?

7. Vad gjorde familjen när de kom tillbaka till sitt rum?

8. När gick familjen på upptäcktsfärd i slottet igen?

9. Vad var det som familjen inte kunde sätta fingret på?

10. Vad gjorde familjen innan de gick på upptäcktsfärd i slottet igen?

Begrip vragen

1. Wat deed de familie toen ze verdwaald waren in het kasteel?

2. Hoe voelde de familie zich toen ze erachter kwamen dat het gewoon een lokale man was?

3. Wat heeft de man gedaan waardoor hij gearresteerd is?

4. Wat was de straf voor de man?

5. Welk geluid hoorde de familie tijdens de wandeling?

6. Waar was de figuur in de donkere mantel toen de familie hem zag?

7. Wat deed de familie toen ze terugkwamen in hun kamer?

8. Wanneer ging de familie het kasteel weer verkennen?

9. Wat was het ding waar de familie hun vinger niet op konden leggen?

10. Wat deed de familie voordat ze weer op verkenning gingen in het kasteel?

Min trädgård

Min trädgård är min lyckliga plats. Jag går ut dit varje dag, regn eller solsken, och ägnar tid åt att sköta mina växter. Jag har lite av **allt - grönsaker**, frukt, blommor och örter. Jag har till och med några höns som hjälper till att hålla skadedjuren borta. Jag börjar mina dagar i trädgården med att hämta ägg från hönorna. Sedan kollar jag mina grönsaker och ser till att de får tillräckligt med vatten och sol. Jag ogräsrensar rabatterna och plockar bort eventuella insekter som **angriper** växterna. När **allt är klart** sitter jag tillbaka och njuter av naturens lugn och ro.

Jag har alltid älskat att tillbringa tid i min trädgård. Det är något med att vara omgiven av naturen och all den **skönhet som** den har att erbjuda. Jag tycker att det är en mycket fridfull och lugnande plats. Jag tillbringar ofta tid i min trädgård med att bara koppla av och njuta av landskapet. Jag tycker också om att arbeta i min trädgård och odla saker. Jag har en ganska stor trädgård och jag tycker om att odla en mängd **olika** saker i den. Jag odlar blommor, **grönsaker** och örter. Jag har också några fruktträd som producerar läckra äpplen, päron och plommon. Förutom att odla saker tycker jag också om att bara gå runt i min trädgård och **beundra** alla olika växter och djur som bor där. Jag har

Mijn tuin

Mijn tuin is mijn geluksplek. Ik ga er elke dag heen, regen of zonneschijn, en besteed tijd aan het verzorgen van mijn planten. Ik heb een beetje van **alles:** **groenten**, fruit, bloemen, kruiden. Ik heb zelfs een paar kippen die helpen het ongedierte op afstand te houden. Ik begin mijn dagen in de tuin met het rapen van eieren bij de kippen. Dan controleer ik mijn groenten en zorg ervoor dat ze genoeg water en zon krijgen. Ik wied de bedden en verwijder insecten die de planten kunnen **aanvallen**. Als **alles** is gedaan, leun ik achterover en geniet van de rust en stilte van de natuur.

Ik heb altijd graag tijd doorgebracht in mijn tuin. Er is iets met het omringd zijn door de natuur en al het **moois** dat zij te bieden heeft. Ik vind het een heel vredige en kalmerende plek. Ik breng vaak tijd door in mijn tuin, gewoon om te ontspannen en te genieten van het landschap. Ik geniet er ook van om in mijn tuin te werken en dingen te kweken. Ik heb een behoorlijk grote tuin, en ik kweek er graag **verschillende** dingen in. Ik kweek bloemen, **groenten** en kruiden. Ik heb ook een paar fruitbomen die heerlijke appels, peren en pruimen voortbrengen. Naast het kweken van dingen, vind ik het ook leuk om gewoon in mijn tuin rond te lopen en de verschillende planten en dieren te

tillbringat många timmar under årens lopp med att göra min **trädgård** till en plats som inte bara är vacker utan också funktionell. Jag älskar att titta på fåglarna som fladdrar runt och lyssna på deras sång. Ibland tar jag till och med fram en bok och läser i trädgården medan jag är omgiven av all den skönhet som jag har skapat. **Trädgårdsarbete** är min passion och det ger mig så mycket glädje. Varje dag i min trädgård är en bra dag.

Jag älskar att laga mat och därför är det **viktigt** för mig att ha en välfylld örtträdgård. Timjan, basilika, oregano, rosmarin, salvia och lavendel är bara några av de örter som jag gillar att odla i min trädgård så att jag kan använda dem när jag lagar mat till mig själv eller till **gäster**. En annan sak som är viktig för mig när det gäller min trädgård är att se till att det finns gott om färg i hela trädgården. För att uppnå detta mål odlar jag en mängd olika blommor, bland annat **rosor**, liljor, prästkragar, tulpaner, impatiens, ringblommor osv. Förutom att ge färg med blommor gillar jag också att skapa intresse genom att använda olika **texturer i** hela trädgården. Jag kan till exempel plantera ormbunkar under höga solrosor eller hostor **tillsammans med** spetsiga prydnadsgräs. Oavsett vad som händer i livet **lyckas** arbetet i min trädgård alltid hjälpa mig att känna mig mer förknippad med naturen och känna mig i fred med mig själv.

bewonderen die er wonen. Ik heb in de loop der jaren vele uren besteed om van mijn **tuin** een plek te maken die niet alleen mooi is, maar ook functioneel. Ik kijk graag naar de vogels die rondfladderen en luister naar hun gezang. Soms haal ik zelfs een boek tevoorschijn en lees in de tuin terwijl ik omringd ben door al het moois dat ik heb gecreëerd. **Tuinieren** is mijn passie en het brengt me zoveel vreugde. Elke dag in mijn tuin is een goede dag.

Een van de dingen die ik graag doe is koken, dus een goed gevulde kruidentuin is erg **belangrijk** voor me. Tijm, basilicum, oregano, rozemarijn, salie en lavendel zijn slechts enkele van de kruiden die ik graag in mijn tuin kweek, zodat ik ze kan gebruiken bij het bereiden van maaltijden voor mezelf of voor **gasten**. Wat ik ook belangrijk vind in mijn tuin is dat er veel kleur in zit. Om dit doel te bereiken, kweek ik een grote verscheidenheid aan bloemen, waaronder **rozen**, lelies, madeliefjes, tulpen, impatiens, goudsbloemen, enz. Naast het toevoegen van kleur met bloemen, vind ik het ook leuk om verschillende **texturen te** gebruiken in de tuin. Zo plant ik bijvoorbeeld varens onder torenhoge zonnebloemen of hosta's **naast** stekelige siergrassen. Wat er verder ook aan de hand is in mijn leven, door in mijn tuin **te** werken voel ik me altijd meer verbonden met de natuur en in vrede met mezelf.

Frågor om förståelse

1. Var ligger författarens trädgård?

2. Hur många höns har författaren?

3. Vad gör författaren i trädgården varje dag?

4. Varför tycker författaren om trädgården?

5. Vilka örter planterar författaren i trädgården?

6. Varför är det viktigt för författaren att det finns många färger i hans trädgård?

7. Hur skapar författaren variation i sin trädgård?

8. Hur känner sig författaren när han arbetar i sin trädgård?

9. Vad är det som gör att författaren känner sig uppslukad när han är i sin trädgård?

10. Varför är varje dag i författarens trädgård en bra dag?

Begrip vragen

1. Waar is de tuin van de auteur?

2. Hoeveel kippen heeft de schrijver?

3. Wat doet de schrijver elke dag in de tuin?

4. Waarom houdt de auteur van de tuin?

5. Welke kruiden plant de auteur in de tuin?

6. Waarom is het belangrijk voor de auteur dat er veel kleuren in zijn tuin zijn?

7. Hoe brengt de auteur afwisseling in zijn tuin?

8. Hoe voelt de schrijver zich als hij in zijn tuin werkt?

9. Waardoor voelt de auteur zich verbonden als hij in zijn tuin is?

10. Waarom is elke dag in de tuin van de auteur een goede dag?

Att shoppa

Jag älskar att **shoppa** i köpcentret. Det är alltid så roligt att gå runt och titta på alla olika butiker. Det finns något för alla i köpcentret, och det är alltid ett bra ställe att hitta erbjudanden på kläder, skor och accessoarer. Jag **brukar** börja min shoppingtur med att gå genom köpcentrets **huvudentré.** Därifrån går jag först till mina favoritbutiker. Efter att ha tittat igenom dessa butiker går jag runt och ser om det pågår någon rea på andra ställen. Det slutar oftast med att jag tillbringar ett par timmar i köpcentret innan jag slutligen gör mina inköp. Jag gillar alltid att ta god tid på mig när jag shoppar **eftersom** jag vill vara säker på att jag får **exakt** det jag vill ha. Dessutom är det bara roligare på det sättet!

Jag tycker alltid att det är så **fascinerande** att titta på folk när jag är i köpcentret. Man kan verkligen få reda på mycket om en person genom hur de handlar. Vissa människor är mycket metodiska och tar god tid på sig, medan andra bara verkar ta **allt** de kan och gå till kassan så fort som möjligt. Det finns också de shoppare som verkar mer intresserade av att prata i mobiltelefon eller sms:a än att titta på varorna! Oavsett vilken typ av shoppare du är verkar dock alla tycka om att fönstershoppa - även om du faktiskt inte köper något. Det är bara något med att titta på alla vackra saker i

Gaan winkelen

Ik hou ervan om te gaan **winkelen** in het winkelcentrum. Het is altijd zo leuk om rond te lopen en naar alle verschillende winkels te kijken. Er is voor elk wat wils in het winkelcentrum, en het is altijd een geweldige plek om deals te vinden voor kleren, schoenen en accessoires. Ik begin mijn shoppingtrip meestal met een wandeling door de **hoofdingang** van het winkelcentrum. Van daaruit ga ik eerst naar mijn favoriete winkels. Na het bekijken van die winkels, loop ik rond en kijk of er een verkoop gaande is op andere plaatsen. Meestal ben ik wel een paar uur in het winkelcentrum voordat ik eindelijk mijn aankopen doe. Ik neem altijd graag mijn tijd als ik ga winkelen, **want** ik wil zeker weten dat ik **precies** krijg wat ik wil. Plus, het is gewoon leuker op die manier!

Ik vind het altijd zo **fascinerend** om mensen te kijken als ik in het winkelcentrum ben. Je kunt echt veel over een persoon vertellen door de manier waarop ze winkelen. Sommige mensen zijn heel methodisch en nemen hun tijd, terwijl anderen gewoon lijken te grijpen **wat** ze kunnen en zo snel mogelijk naar de kassa gaan. Er zijn ook shoppers die meer geïnteresseerd lijken te zijn in het praten op hun mobieltje of in sms'en dan in het bekijken van de koopwaar! Het maakt echter

skyltfönstren som gör mig glad. Ibland fantiserar jag om hur det skulle vara om jag hade råd med **allt** jag ser! På det hela taget är en dag i köpcentret en av mina favoritsysselsättningar. Det är ett utmärkt sätt att koppla av och varva ner samtidigt som man får lite motion (om man går runt tillräckligt mycket). Dessutom är det **alltid** trevligt att unna sig en ny skjorta eller ett par skor då och då!

Jag hade haft en **lång** dag på jobbet och hade äntligen lite tid för mig själv, så jag bestämde mig för att shoppa i köpcentret. Jag behövde några nya kläder för den **kommande** säsongen. Så fort jag gick in såg jag alla ljusa lampor och glänsande skyltfönster. Jag gick först till min favoritbutik och började bläddra bland hyllorna. Jag hittade några söta toppar och provade dem i omklädningsrummet. När jag tittade på mig själv i spegeln hörde jag någon komma in i omklädningsrummet bredvid mitt. Jag kände igen rösten som en av mina medarbetare. Vi hälsade på varandra och började prata om jobbet. Efter några minuter blev vi båda färdiga och gick **skilda** vägar, men sprang på varandra igen senare. Vi fortsatte att prata och insåg att vi hade mer gemensamt än vi trodde.

niet uit wat voor soort shopper je bent, iedereen lijkt te genieten van window shopping - zelfs als je niet echt iets koopt. Er is gewoon iets aan het kijken naar al die mooie dingen in de **etalages** dat me gelukkig maakt. Soms fantaseer ik over hoe het zou zijn als ik me **alles** kon veroorloven wat ik zie! Al met al is een dagje winkelen in het winkelcentrum een van mijn favoriete bezigheden. Het is een geweldige manier om te ontspannen en tot rust te komen, terwijl je ook een beetje beweging krijgt (als je maar genoeg rondloopt). Bovendien is het **altijd** leuk om jezelf af en toe te trakteren op een nieuw shirt of een paar schoenen!

Ik had een **lange** dag op het werk en had eindelijk wat tijd voor mezelf, dus besloot ik te gaan winkelen in het winkelcentrum. Ik had wat nieuwe kleren nodig voor het **komende** seizoen. Zodra ik binnenkwam, zag ik al die felle lichten en glimmende etalages. Ik ging eerst naar mijn favoriete winkel en begon door de rekken te snuffelen. Ik vond een paar leuke topjes en paste ze in de kleedkamer. Terwijl ik mezelf in de spiegel bekeek, hoorde ik iemand de kleedkamer naast de mijne binnenkomen. Ik herkende zijn stem als een van mijn collega's. We zeiden hallo en begonnen te kletsen over het werk. Na een paar minuten waren we allebei klaar en gingen we onze **eigen** weg, maar later kwamen we elkaar weer tegen. We praatten verder en beseften dat we meer gemeen hadden dan we dachten.

Frågor om förståelse

1. Var vill du lagra mest?

2. Vilken är din favoritbutik i köpcentret?

3. Hur länge brukar du stanna i köpcentret?

4. Vad tycker du om människor som tillbringar mycket tid i köpcentret?

5. Vad är din favoritsak att göra på köpcentret?

6. Har du någonsin köpt något på köpcentret när du egentligen inte behövde det?

7. Hur reagerar du när du ser något i köpcentret som du verkligen skulle vilja ha, men som är för dyrt?

8. Har du någonsin sett något i köpcentret och undrat vem som skulle köpa det?

9. Vad tycker du om människor som är upptagna med sina mobiltelefoner i köpcentret i stället för att titta på butikerna?

Begrip vragen

1. Waar sla je het liefst op?

2. Wat is je favoriete winkel in het winkelcentrum?

3. Hoe lang blijft u meestal in het winkelcentrum?

4. Wat vind je van mensen die veel tijd in het winkelcentrum doorbrengen?

5. Wat is uw favoriete bezigheid in het winkelcentrum?

6. Heb je ooit iets gekocht in het winkelcentrum terwijl je het niet echt nodig had?

7. Hoe reageert u als u in het winkelcentrum iets ziet dat u heel graag zou willen hebben, maar dat te duur is?

8. Heb je ooit iets in het winkelcentrum gezien en je afgevraagd wie het zou kopen?

9. Wat vindt u van mensen die in het winkelcentrum met hun mobieltje bezig zijn in plaats van naar de winkels te kijken?

På marknaden

Jag vaknar tidigt på lördagsmorgonen och är ivrig att ta mig till **marknaden** innan det blir för mycket folk. Jag tar på mig några kläder och går ut genom dörren och tar mina återanvändbara väskor på vägen. Medan jag går börjar jag planera vad jag vill göra för veckan som kommer. Jag vet att jag vill **steka** grönsaker minst en gång, så jag måste köpa grönsaker av god kvalitet. Jag vill också göra en soppa eller gryta, så jag måste köpa lite kött också. Jag får se vad som ser bra ut när jag kommer dit. Marknaden ligger bara några kvarter bort, och jag kan redan se hur stånden står uppställda och hur **folk** rör sig där.

Jag kommer till marknaden och går direkt till grönsaksståndet. Utbudet är vackert och jag fyller mina väskor med en mängd olika **färska** produkter. Jag pratar med bonden en stund och han rekommenderar mig några recept. Jag är förväntansfull och vill prova dem. Jag pratar med **jordbrukarna** medan jag handlar och lär känna dem och deras produkter. När jag har alla grönsaker jag behöver går jag vidare till köttavdelningen. Jag är lite mer tveksam här, eftersom jag inte är säker på vad jag vill köpa. Till slut bestämmer jag mig för kyckling eftersom det är mångsidigt och kan användas i en mängd olika rätter. Jag köper också

Op de markt

Ik sta op zaterdagochtend vroeg op, popelend om naar de **markt te gaan** voordat het te druk wordt. Ik trek wat kleren aan en ga de deur uit, terwijl ik onderweg mijn herbruikbare tassen pak. Terwijl ik loop, begin ik te plannen wat ik de komende week wil maken. Ik weet dat ik minstens één keer groenten wil **roosteren**, dus ik moet wat groenten van goede kwaliteit kopen. Ik wil ook een soep of stoofpot maken, dus ik moet ook wat vlees kopen. Ik zal moeten kijken wat er goed uitziet als ik daar ben. De markt is maar een paar straten verderop, en ik zie de kraampjes al staan en de **mensen al rondlopen**.

Ik kom aan op de markt en ga meteen naar de groentekraam. Het aanbod is prachtig en ik vul mijn tassen met een verscheidenheid aan **verse** producten. Ik maak een praatje met de boer en hij raadt me een paar recepten aan. Ik ben enthousiast om ze uit te proberen. Ik maak een praatje met de **boeren** terwijl ik aan het winkelen ben en leer hen en hun producten kennen. Als ik alle groenten heb die ik nodig heb, ga ik naar de vleesafdeling. Ik aarzel een beetje, omdat ik niet zeker weet wat ik wil hebben. Uiteindelijk kies ik voor kip, omdat dat veelzijdig is en in allerlei gerechten kan worden gebruikt. Ik koop

några olika köttstycken och ser till att få gräsbetat nötkött och frigående **kyckling**. Slaktaren var en vänlig man som alltid var glad trots de långa arbetsdagarna. Han lindade in mina kycklingbröst och min biff innan han pratade med mig om sina helgplaner. Jag tog farväl av honom och fortsatte min väg. Jag tog också några ägg och ost från mejeriavdelningen.

Marknaden var full av människor som alla var ivriga att få **tag på de** färska råvaror och det kött som erbjöds. Luften var tjock av lukten av vitlök och lök och ljudet av skratt och samtal fyllde luften. Jag tog mig fram genom folkmassan och plockade ut de andra varor som jag behövde till min veckoaffär. Jag fyllde min **korg** med frukt och grönsaker, pasta och bröd innan jag gick till kassan. Kön var lång, men den gick snabbt. Till slut var de sista **matvarorna** inköpta och det var dags att åka hem. Bilen lastades och körningen hem var lång och tråkig. Trafiken var tung och värmen var tryckande. Till slut körde bilen in på uppfarten och lättnaden var påtaglig. Huset var svalt och tyst och det var en fristad efter marknadens liv och rörelse. Allting ställdes undan och huset var snart tillbaka till sin vanliga lugn och ro. Jag hade allt jag behövde för att laga några **goda** måltider till mig själv och min familj. Det var skönt att vara hemma.

ook een paar verschillende stukken vlees, en zorg ervoor dat ik grasgevoerd rundvlees en **scharrelkip koop**. De slager was een vriendelijke man, altijd vrolijk ondanks de lange uren die hij werkte. Hij pakte mijn kippenborst en biefstuk in voordat hij met me praatte over zijn weekendplannen. Ik nam afscheid van hem en vervolgde mijn weg. Ik heb ook nog wat eieren en kaas meegenomen uit de zuivelafdeling.

Het krioelde van de mensen op de markt, die allemaal stonden te popelen om de verse producten en het vlees dat werd aangeboden in **handen te** krijgen. De lucht hing vol met de geur van knoflook en uien, en het geluid van gelach en gesprekken vulde de lucht. Ik baande me een weg door de menigte en zocht de andere dingen uit die ik nodig had voor mijn wekelijkse boodschappen. Ik vulde mijn **mandje** met fruit en groenten, pasta en brood, voordat ik naar de kassa ging. De rij was lang, maar het ging snel. Eindelijk waren de laatste **boodschappen** gedaan, en was het tijd om naar huis te gaan. De auto werd volgeladen, en de rit naar huis was lang en moeizaam. Het verkeer was druk en de hitte was drukkend. Eindelijk reed de auto de oprit op en de opluchting was voelbaar. Het huis was koel en stil, en het was een oase na de drukte van de markt. Alles werd opgeborgen, en het huis was al snel weer in zijn gebruikelijke rust en stilte. Ik had alles wat ik nodig had om **heerlijke** maaltijden te maken voor mezelf en voor mijn gezin. Het was goed om thuis te zijn.

Frågor om förståelse

1. Vart är personen på väg?

2. Vad vill personen köpa?

3. Hur många väskor har personen?

4. Hur långt bort ligger marknaden?

5. Vad gör personen just nu?

6. Vad är allt på marknaden?

7. Hur många personer finns på marknaden?

8. Hur lång tid tog det för personen att köpa allt?

9. Hur åkte personen hem?

10. Vad gjorde personen när han eller hon kom hem?

Begrip vragen

1. Waar gaat de persoon heen?

2. Wat wil de persoon kopen?

3. Hoeveel tassen heeft de persoon?

4. Hoe ver weg is de markt?

5. Wat doet de persoon op dit moment?

6. Wat is alles op de markt?

7. Hoeveel mensen zijn er op de markt?

8. Hoe lang heeft de persoon erover gedaan om alles te kopen?

9. Hoe is de persoon naar huis gegaan?

10. Wat deed de persoon toen hij of zij thuiskwam?

På ett café

Det var en kylig höstmorgon och jag hade bestämt mig för att träffa min vän Lily på vårt favoritkafé för att ta en kaffe. Jag svepte in mig varmt i min kappa och halsduk och gick iväg. Löven höll på att falla från träden och luften hade en liten gnutta, men solen sken och det lovade att bli en vacker dag. Medan jag gick **tänkte** jag på hur bra det var att ha en vän som Lily. Vi hade varit vänner i flera år, ända sedan vi träffades på **universitetet**. Vi hade knutit band till varandra genom vår kärlek till kaffe och att tillbringa tid med att prata på kaféer. Även om vi nu bodde i olika delar av staden lyckades vi fortfarande träffas på kaffe en gång i veckan. Jag kom till caféet och Lily var redan där och väntade på mig. Vi kramade varandra hej och beställde sedan våra kaffesorter. Vi hittade ett bord vid fönstret och slog oss ner för att prata. **Kaffet** var utsökt, som alltid, och det var så trevligt att prata med Lily. Vi pratade om vår vecka, våra jobb och våra planer för framtiden. Det var alltid så lätt att prata med Lily och det kändes som om jag kunde berätta allt för henne. Efter ett tag började vi bli hungriga och **bestämde oss för att** beställa lite mat.

Vi **beställde** vår mat och hittade en plats vid fönstret. Solen sken in genom fönstret och fick allt att kännas

In een café

Het was een kille **herfstochtend** en ik had met mijn vriendin Lily afgesproken in ons favoriete café voor een kopje koffie. Ik wikkelde me warm in mijn jas en sjaal en ging op weg. De bladeren vielen van de bomen en de lucht was een beetje fris, maar de zon scheen en het beloofde een mooie dag te worden. Terwijl ik liep, **dacht** ik aan hoe goed het was om een vriendin als Lily te hebben. We waren al jaren vriendinnen, sinds we elkaar op de **universiteit** ontmoetten. We kregen een band door onze voorliefde voor koffie en het kletsen in cafés. Ook al woonden we nu in verschillende delen van de stad, we kwamen nog steeds één keer per week samen om koffie te drinken. Ik kwam aan bij het café, en Lily zat daar al op me te wachten. We omhelsden elkaar en bestelden onze koffie. We vonden een tafeltje bij het raam en gingen zitten kletsen. De **koffie** was heerlijk, zoals altijd, en het was zo leuk om bij te praten met Lily. We spraken over onze week, onze banen, en onze plannen voor de toekomst. Het was altijd zo makkelijk om met Lily te praten, en ik had het gevoel dat ik haar alles kon vertellen. Na een tijdje begonnen we honger te krijgen en **besloten we** wat eten te bestellen.

We **bestelden** ons eten en zochten een plaatsje bij het raam. De zon scheen door het raam naar binnen,

varmt och glatt. Vi pratade medan vi åt vår mat och njöt av det enkla nöjet att vara i varandras **sällskap**. Caféet var upptaget, men det kändes inte trångt. Det fanns en känsla av frid och tillfredsställelse i luften. När vi hade ätit upp vår mat satt vi en stund till och njöt av den fridfulla **atmosfären**. Vi pratade en stund om olika saker som hade hänt i våra liv. Det var så skönt att få prata med min vän och bara **slappna av**. Solen sken genom fönstret och det kändes som om **ingenting** kunde förstöra vår perfekta dag.

Plötsligt hörde jag en hög ljudlig krasch. Jag vände mig om och såg att en man hade fallit genom taket och låg på golvet framför oss. Han var **täckt av** damm och skräp och verkade vara medvetslös. Min vän och jag var båda i chock när vi stirrade på mannen som låg på golvet. Vi visste inte vad vi skulle göra eller vem vi skulle ringa efter hjälp. Vi satt bara där och stirrade på honom utan att veta vad vi skulle göra. Efter några minuter kom jag till mig själv och ringde 112. Operatören sa till mig att någon skulle vara där snart. Jag lade på luren och berättade för min vän vad **operatören** hade sagt. Vi båda satt bara där och väntade på att hjälpen skulle komma. Det kändes som en evighet, men till slut **kom** en ambulans. Ambulanspersonalen rusade in och började arbeta med mannen.

waardoor alles warm en gelukkig aanvoelde. We babbelden terwijl we ons eten aten, en genoten van het simpele plezier om in elkaars **gezelschap** te zijn. Het was druk in het café, maar het voelde niet druk aan. Er hing een gevoel van vrede en tevredenheid in de lucht. Toen we ons eten op hadden, bleven we nog een tijdje zitten, genietend van de vredige **sfeer**. We praatten een tijdje over verschillende dingen die in ons leven waren gebeurd. Het was zo fijn om bij te praten met mijn vriend en gewoon **te ontspannen**. De zon scheen door het raam, en het voelde alsof **niets** onze perfecte dag kon verpesten.

Plotseling hoorde ik een harde klap. Ik draaide me om en zag dat een man door het plafond was gevallen en voor ons op de grond lag. Hij was **bedekt** met stof en puin en leek bewusteloos te zijn. Mijn vriend en ik waren allebei in shock toen we naar de man staarden die op de grond lag. We wisten niet wat we moesten doen of wie we moesten bellen voor hulp. We zaten daar gewoon naar hem te staren, niet wetend wat te doen. Na een paar minuten kwam ik bij en belde 911. De telefoniste zei me dat er zo iemand zou komen. Ik hing de telefoon op en vertelde mijn vriend wat de **telefoniste** had gezegd. We zaten daar allebei te wachten tot er hulp kwam. Het leek wel een eeuwigheid, maar uiteindelijk **kwam** er een ambulance. De ambulancebroeders snelden naar binnen en begonnen met de man te werken.

Frågor om förståelse

1. Varifrån kommer mannen som faller genom taket?

2. Varför är kvinnan med sin väninna på kaféet?

3. Vilket är de två vännernas favoritkafé?

4. Hur länge har de två vännerna känt varandra?

5. Vad är de två vännernas favoritdryck?

6. I vilken stad bor de två vännerna?

7. Hur ofta träffas de två vännerna?

8. Vad pratar de två vännerna om när de först träffas på sitt favoritkafé?

9. Vad är de två vännernas favoritmat?

10. Varför är det så lätt att prata med Lily?

Begrip vragen

1. Waar komt de man vandaan die door het dak valt?

2. Waarom is de vrouw met haar vriendin in het café?

3. Wat is het favoriete café van de twee vrienden?

4. Hoe lang kennen de twee vrienden elkaar al?

5. Wat is het favoriete drankje van de twee vrienden?

6. In welke stad wonen de twee vrienden?

7. Hoe vaak ontmoeten de twee vrienden elkaar?

8. Waar hebben de twee vrienden het over als ze elkaar voor het eerst ontmoeten in hun favoriete café?

9. Wat is het lievelingseten van de twee vrienden?

10. Waarom is het zo makkelijk om met Lily te praten?

Att simma

Poolen var alltid en **uppfriskande** plats att vara på, och idag var det inte annorlunda. Solen sken och vattnet såg inbjudande ut. Jag tog ett djupt andetag och dök ner och kände vattnets svala omfamning. Jag simmade varv ett tag och njöt av motionen och chansen att rensa huvudet. Efter en stund gick jag ut och torkade mig, och satte mig sedan på en handduk för att slappna av i solen. Jag slöt ögonen och lät **värmen** skölja över mig och kände hur mina muskler började slappna av. Plötsligt hörde jag ett plask och öppnade ögonen för att se min lillasyster **paddla** runt i den grunda delen. Jag log och tittade på henne en stund, sedan reste jag mig upp och gick över till henne. Vi pratade lite och paddlade runt tillsammans och njöt av varandras sällskap. Snart anslöt sig våra föräldrar till oss och vi tillbringade resten av eftermiddagen med att simma och spela spel tillsammans. Det var alltid så trevligt att tillbringa tid med familjen vid poolen. Det är **något** med att vara i vattnet som bara verkar föra människor samman. Kanske beror det på att vi alla är lika när vi är i vattnet - vi kan inte dölja våra brister eller låtsas vara något vi inte är. Eller kanske är det bara för att det är roligt! **Oavsett vad** anledningen är så var jag bara glad att vi alla kunde samlas och njuta av varandras sällskap på en så speciell plats.

Gaan zwemmen

Het zwembad was altijd een **verfrissende** plek om te zijn, en vandaag was dat niet anders. De zon scheen en het water zag er uitnodigend uit. Ik haalde diep adem en dook erin, de koele omhelzing van het water voelend. Ik zwom een tijdje baantjes, genoot van de beweging en de kans om mijn hoofd leeg te maken. Na een tijdje kwam ik eruit en droogde me af, waarna ik op een handdoek ging zitten om te relaxen in de zon. Ik sloot mijn ogen en liet de **warmte** over me heen spoelen, ik voelde mijn spieren ontspannen. Plotseling hoorde ik een plons en ik opende mijn ogen om mijn kleine zusje te zien **poedelen** in het ondiepe gedeelte. Ik glimlachte en keek een tijdje naar haar, stond toen op en liep naar haar toe. We kletsten wat en peddelden samen wat rond, genietend van elkaars gezelschap. Al snel kwamen onze ouders erbij, en we brachten de rest van de middag zwemmend en spelend door. Het was altijd zo leuk om tijd met de familie in het zwembad door te brengen. Er is **iets** met in het water zijn dat mensen samenbrengt. Misschien is het omdat we allemaal gelijk zijn als we in het water zijn - we kunnen onze gebreken niet verbergen of doen alsof we iets zijn wat we niet zijn. Of misschien is het gewoon omdat het leuk is! **Wat** de reden ook is, ik was gewoon blij dat we allemaal bij elkaar konden komen en van elkaars gezelschap

Solen slog ner på min hud och lukten av klorin låg i luften. Jag kunde höra ljudet av barn som skrattade och plaskade runt i poolen. Jag låg på en solstol vid poolen, tog in solen och **njöt av** dagen. Jag hade ögonen stängda och skulle precis somna när jag hörde någon komma fram till mig. Jag öppnade ögonen och såg en kvinna stå bredvid mig. Hon hade en bikini på sig och en handduk lindad runt midjan. Hon hade långt blont hår och blå ögon. Hon höll en flaska **solkräm i** handen. "Har du något emot att jag smörjer in din rygg med solkräm?" frågade hon. "Nej, det är okej", sa jag och satte mig upp så att hon kunde nå min rygg. Jag kände hennes händer på min hud när hon applicerade solkrämen.

Hennes beröring var mild och doften av solkrämen var lugnande. Jag slöt ögonen igen och lät mig slappna av. Jag kunde höra **ljudet av att** hon rörde sig, men jag öppnade inte ögonen. Jag var nöjd med att bara ligga där i solen och lyssna på ljudet av vågorna **som slog** mot stranden. Efter några minuter gick hon iväg och jag öppnade ögonen. Jag tittade på henne när hon gick tillbaka till sin solstol och plockade upp sin bok. Hon satte sig i stolen och började läsa. Jag stängde ögonen igen och lät mig glida in i sömnen.

konden genieten op zo'n speciale plek.

De zon scheen op mijn huid en de geur van chloor hing in de lucht. Ik kon de geluiden horen van lachende kinderen die in het zwembad spetterden. Ik lag op een ligstoel naast het zwembad, te genieten van de zon en **de** dag. Ik had mijn ogen gesloten en wilde net in slaap vallen toen ik iemand naar me toe hoorde lopen. Ik opende mijn ogen en zag een vrouw naast me staan. Ze droeg een bikini en had een handdoek om haar middel gewikkeld. Ze had lang blond haar en blauwe ogen. Ze hield een fles **zonnebrandcrème** in haar hand. "Vind je het erg als ik wat zonnebrandcrème op je rug smeer?" vroeg ze. "Nee, dat hoeft niet," zei ik, terwijl ik rechtop ging zitten zodat ze bij mijn rug kon. Ik voelde haar handen op mijn huid terwijl ze de zonnebrandcrème aanbracht.

Haar aanraking was zacht en de geur van de zonnebrandcrème was kalmerend. Ik sloot mijn ogen weer en liet me ontspannen. Ik kon het **geluid** van haar bewegingen horen, maar ik opende mijn ogen niet. Ik was tevreden met het feit dat ik daar in de zon lag, luisterend naar het geluid van de golven **die** tegen de kust sloegen. Na een paar minuten liep ze weg, en ik opende mijn ogen. Ik keek naar haar terwijl ze terugliep naar haar ligstoel en haar boek oppakte. Ze nestelde zich in haar stoel en begon te lezen. Ik sloot mijn ogen weer en liet me wegdrijven in slaap.

Frågor om förståelse

1. Var befann sig berättaren när han började
berättelsen?

2. Vad luktar berättaren när han öppnar ögonen?

3. Vad hör berättaren när han öppnar ögonen?

4. Vems solkräm ger kvinnan berättaren?

5. Vad drömmer berättaren om?

6. Varför är det så speciellt för berättaren att simma i
havet?

7.Hur känns vattnet som berättaren simmar i?

8. Vad ser berättaren när han kommer upp ur vattnet?

9. Vad gör kvinnan efter att hon har smörjt in berättaren
med solkräm?

10. Vad pratar berättaren och kvinnan om i slutet av
berättelsen?

Begrip vragen

1. Waar was de verteller toen hij het verhaal begon?

2. Wat ruikt de verteller als hij zijn ogen opent?

3. Wat hoort de verteller als hij zijn ogen opent?

4. Van wie is de zonnebrandcrème die de vrouw aan de verteller geeft?

5. Waar droomt de verteller over?

6. Waarom is zwemmen in de zee zo speciaal voor de verteller?

7. Hoe voelt het water aan waarin de verteller zwemt?

8. Wat ziet de verteller als hij uit het water komt?

9. Wat doet de vrouw nadat ze de verteller heeft ingesmeerd met zonnebrandcrème?

10. Waarover praten de verteller en de vrouw aan het eind van het verhaal?

Klippning av gräsmattan

Klockan är 10 på förmiddagen en **sommarlördag och** solen slår redan obarmhärtigt ner. Du går ut i garaget för att hämta gräsklipparen och känner dig som om du är **dömd** till hårt arbete. Du börjar klippa gräsmattan och ser till att gå lugnt och sakta så att du inte missar några ställen. Medan du klipper tänker du på hur bra det känns att vara ute i den friska luften. När du börjar skjuta gräsklipparen fram och tillbaka över gräsmattan ser du din granne ur **ögonvrån**. Du vinkar och säger hej, och han vinkar tillbaka.

Efter några minuter är du klar och går till din granne för att ta en öl med honom i trädgården. Det är en **perfekt** dag - inte för varmt, med en lätt bris som blåser. Du sitter där i skuggan av trädet, dricker din öl och pratar med din granne. Det är sådana här dagar som gör att man uppskattar sommaren. Sedan **går** du in och tar en välförtjänt öl. Du slår dig ner i en stol på verandan, öppnar burken och suckar nöjt. Ljudet från gräsklipparen försvinner i bakgrunden medan du slappnar av i skuggan och njuter av stundens **lugn.** Ölet smakar extra gott efter allt hårt arbete i värmen. Jag skulle just gå in när jag hörde ett ljud i grannhuset.

Het maaien van het gazon

Het is 10 uur 's ochtends op een zomerse **zaterdag**, en de zon schijnt al ongenadig. Je sjokt naar de garage om de grasmaaier te halen, met het gevoel dat je **veroordeeld bent** tot dwangarbeid. Je begint het gazon te maaien, en zorgt ervoor dat je het rustig aan doet, zodat je niets over het hoofd ziet. Terwijl je aan het maaien bent, denk je aan hoe goed het voelt om buiten in de frisse lucht te zijn. Terwijl u de maaier heen en weer over het gazon duwt, ziet u uw buurman vanuit uw **ooghoek**. Je zwaait en zegt hallo, en hij zwaait terug.

Na een paar minuten ben je klaar, en je gaat naar het huis van je buurman om met hem een biertje te drinken in de voortuin. Het is een **perfecte** dag - niet te warm, met een zacht briesje. Je zit daar in de schaduw van de boom, nipt van je biertje en kletst wat met je buurman. Het zijn dagen als deze die je de zomer doen waarderen. Dan **ga** je naar binnen voor een welverdiend biertje. Je ploft neer in een stoel op de veranda, trekt het blikje open en slaakt een tevreden zucht. Het geluid van de maaier verdwijnt naar de achtergrond terwijl je in de schaduw ontspant en geniet van de **rust** van het moment. Het bier smaakt extra

Det **lät** som om någon grät. Jag slutade klippa och gick över till staketet som skiljde våra trädgårdar åt. Jag tittade över och såg min granne, Mrs Johnson, gråta på sin verandagunga. Jag ropade på henne, men hon hörde mig inte. Jag klättrade över staketet och gick över till henne. "Mrs Johnson, mår ni bra?" Jag frågade. Hon tittade upp på mig med tårar i ögonen och skakade på huvudet. "Nej, jag mår inte bra", sade hon. "Min katt dog i går." Jag blev chockad. Jag visste inte vad jag skulle säga. Jag stod bara där obekvämt och visste inte vad jag skulle göra. Till slut lade jag min hand på hennes **axel** och sa: "Jag är så ledsen, mrs Johnson. Om det finns något jag kan göra för att hjälpa till, så säg till. " Hon skakade på huvudet och sa: "Nej, det finns **ingenting som** någon kan göra". Sedan reste hon sig upp och gick in i sitt hus. Jag stod där en stund och visste inte vad jag skulle göra. Sedan återgick jag till att klippa min gräsmatta. När jag var klar kunde jag inte låta bli att tänka på Mrs Johnson och hennes katt.

goed na al dat harde werk in de hitte. Ik stond op het punt om naar binnen te gaan toen ik een geluid hoorde bij de buren.

Het **klonk** alsof iemand huilde. Ik stopte met maaien en liep naar het hek dat onze tuinen scheidde. Ik keek om en zag mijn buurvrouw, mevrouw Johnson, huilen op haar schommelbank. Ik riep naar haar, maar ze hoorde me niet. Ik klom over het hek en liep naar haar toe. "Mevrouw Johnson, is alles goed met u?" vroeg ik. Ze keek met tranen in haar ogen naar me op en schudde haar hoofd. "Nee, het gaat niet goed met me," zei ze. "Mijn kat is gisteren gestorven." Ik was geschokt. Ik wist niet wat ik moest zeggen. Ik stond daar maar wat ongemakkelijk, niet wetend wat ik moest doen. Uiteindelijk legde ik mijn hand op haar **schouder** en zei: "Het spijt me zo, mevrouw Johnson. Als er iets is wat ik kan doen om te helpen, laat het me alsjeblieft weten. "Ze schudde haar hoofd en zei: Nee, er is **niets** dat iemand kan doen. Toen stond ze op en ging haar huis binnen. Ik stond daar een ogenblik, niet wetend wat te doen. Toen ging ik verder met het maaien van mijn gazon. Toen ik klaar was, moest ik denken aan mevrouw Johnson en haar kat.

Frågor om förståelse

1. Vad är klockan?

2. Var är personen som klipper?

3. Hur känner sig personen?

4. Varför måste personen klippa långsamt?

5. Vad är det för väder?

6. Vad gör personen efter gräsklippningen?

7. Vad hör personen innan han går hem?

8. Vem är med Mrs Johnson?

9. Varför gråter fru Johnson?

10. Vad säger personen till fru Johnson?

Begrip vragen

1. Hoe laat is het?

2. Waar is de persoon aan het maaien?

3. Hoe voelt de persoon zich?

4. Waarom moet de persoon langzaam maaien?

5. Wat voor weer is het?

6. Wat doet de persoon na het maaien?

7. Wat hoort de persoon voordat hij naar huis gaat?

8. Wie is er bij Mrs Johnson?

9. Waarom huilt Mrs Johnson?

10. Wat zegt de persoon tegen Mrs. Johnson?

Att klippa sig

Jag hade tänkt klippa mig i flera veckor, men på något sätt lyckades jag alltid skjuta upp det. Men med **julen** runt hörnet visste jag att jag inte kunde skjuta upp det längre. Jag ville inte dyka upp till familjens julmiddag och se ut som en slarvig röra. Så tidigt på juldagsmorgonen begav jag mig till salongen. Trots att det var tidigt var salongen redan upptagen med andra människor som **skulle** fixa håret inför julen. Jag tog plats i kön och väntade på min tur. Slutligen var det min tur i stolen. Stylisten, en vänlig kvinna vid namn Jill, frågade mig vad jag ville ha. "Bara en trimning, inget alltför drastiskt", svarade jag. Jill började arbeta och klippte bort mitt hår. Medan hon arbetade började jag slappna av. Det kändes bra att äntligen ta hand om mig själv. Jag hade varit så upptagen den senaste tiden, jag hade sprungit runt och tagit hand om alla andra, att jag hade låtit mina egna behov falla bort. Men inte **längre**. Från och med nu skulle jag ta mig tid för mig själv.

När Jill var klar tittade jag mig i spegeln och var nöjd med vad jag såg. Mitt hår såg snyggt och polerat ut - perfekt för semestermöten. Jag **tackade** Jill och gjorde en **mental** anteckning om att komma tillbaka oftare. Från och med nu kommer jag att ta hand om mig själv först och främst. Hon började arbeta med att klippa

Naar de kapper

Ik wilde al weken naar de kapper, maar op de een of andere manier kon ik het steeds uitstellen. Maar met **Kerstmis voor de deur**, wist ik dat ik het niet langer kon uitstellen. Ik wilde niet op het kerstdiner van mijn familie verschijnen als een smerige puinhoop. Dus, vroeg op kerstochtend, ging ik naar de salon. Hoewel het nog vroeg was, was de salon al druk bezig met andere mensen **die** hun haar lieten doen voor de feestdagen. Ik nam plaats in de rij en wachtte op mijn beurt. Eindelijk was het mijn beurt in de stoel. De styliste, een vriendelijke vrouw die Jill heette, vroeg me wat ik wilde. "Gewoon een knipbeurt, niets te drastisch," antwoordde ik. Jill ging aan de slag en knipte mijn haar weg. Terwijl ze werkte, begon ik te ontspannen. Het voelde goed om eindelijk voor mezelf te zorgen. Ik had het de laatste tijd zo druk gehad met voor iedereen te zorgen, dat ik mijn eigen behoeften aan de kant had laten liggen. Maar **nu** niet **meer**. Van nu af aan, zou ik tijd voor mezelf maken.

Toen Jill klaar was, keek ik in de spiegel en was blij met wat ik zag. Mijn haar zag er netjes en gepolijst uit-perfect voor vakantie bijeenkomsten. Ik **bedankte** Jill en maakte een notitie om vaker terug te komen. Van nu af aan zal ik in de eerste plaats voor mezelf

mitt hår. Jag tänkte på hur tacksam jag var för att jag
äntligen hade hunnit klippa mig. Det kändes bra att
veta att jag skulle se presentabel ut till **julmiddagen**.
Jag skulle inte längre behöva oroa mig för att min familj
skulle retas med mig om mitt "slarviga" utseende. Efter
några minuter var stylisten klar med att klippa mitt hår
och gav mig en snabb föning. Jag tittade i spegeln och
var nöjd med vad jag såg - en ren frisyr som skulle
passa perfekt till julmiddagen. Nu när min klippning var
avklarad kunde jag fokusera på att njuta av julen med
min familj. Och det var jag ännu mer tacksam för.

Det kändes så **befriande** och jag älskade hur min nya
frisyr såg ut. När jag hade betalat för frisyren gick jag
hem och började packa för min resa. Jag **kunde inte**
vänta på att få visa upp min nya look för min familj
och mina vänner. Jag visste att de skulle bli förvånade
när de såg mig. På dagen för mitt flyg anlände jag
till flygplatsen med gott om tid över. Jag gick igenom
säkerhetskontrollen utan några problem och snart var
jag på väg. Så snart jag kom fram till min destination
kunde jag känna spänningen i luften. Julen låg definitivt
i luften! Min familj var där för att välkomna mig på
flygplatsen, och de var alla förvånade över min nya
frisyr. Vi tillbringade de närmaste dagarna med att **prata**
och njuta av varandras **sällskap**.

zorgen. Ze begon aan mijn haar te knippen. Ik dacht eraan hoe dankbaar ik was dat ik er eindelijk aan toe was gekomen om mijn haar te laten knippen. Het voelde goed om te weten dat ik er toonbaar uit zou zien voor **het kerstdiner**. Ik hoefde me geen zorgen meer te maken dat mijn familie me zou plagen over mijn "smerige" uiterlijk. Na een paar minuten was de styliste klaar met het knippen van mijn haar en föhnde ze me snel. Ik keek in de spiegel en was blij met wat ik zag: een strak geknipt kapsel dat perfect zou zijn voor het kerstdiner. Nu mijn kapsel achter de rug was, kon ik me concentreren op de feestdagen met mijn gezin. En daar was ik nog dankbaarder voor.

Het voelde zo **bevrijdend**, en ik hield van de manier waarop mijn nieuwe kapsel eruit zag. Nadat ik voor mijn kapsel had betaald, ging ik naar huis en begon ik in te pakken voor mijn reis. Ik **kon niet** wachten om mijn nieuwe look aan mijn familie en vrienden te tonen. Ik wist dat ze verrast zouden zijn als ze me zouden zien. Op de dag van mijn vlucht kwam ik ruim op tijd aan op de luchthaven. Ik ging zonder problemen door de beveiliging en al snel was ik op weg. Zodra ik op mijn bestemming aankwam, kon ik de opwinding in de lucht voelen. Kerstmis hing zeker in de lucht! Mijn familie was er om me op de luchthaven te begroeten, en ze waren allemaal verbaasd over mijn nieuwe kapsel. We brachten de volgende dagen door **met bijpraten** en genieten van elkaars **gezelschap**.

Frågor om förståelse

1. Vad måste huvudpersonen göra före jul?

2. Hur kände huvudpersonen för att ta hand om sig själv?

3. Vem klippte huvudpersonens hår?

4. Varför skulle huvudpersonens familj retas med henne?

5. Hur kände sig huvudpersonen efter att ha klippt sig?

6. Vad gjorde huvudpersonen efter att ha klippt sig?

7. Hur reagerade huvudpersonens familj på hennes frisyr?

8. Vad gjorde huvudpersonen på julafton?

9. Vad gjorde huvudpersonens upplevelse mer speciell?

10. Vad skulle hända om huvudpersonen inte klippte sig?

Begrip vragen

1. Wat moest de hoofdpersoon doen voor Kerstmis?

2. Hoe vond de hoofdpersoon het om voor zichzelf te zorgen?

3. Wie heeft het haar van de hoofdpersoon geknipt?

4. Waarom ging de familie van de hoofdpersoon haar plagen?

5. Hoe voelde de hoofdpersoon zich nadat ze naar de kapper was geweest?

6. Wat heeft de hoofdpersoon gedaan nadat ze naar de kapper is geweest?

7. Wat was de reactie van de familie van de hoofdpersoon op haar kapsel?

8. Wat deed de hoofdpersoon op kerstavond?

9. Wat maakte de ervaring van de hoofdpersoon specialer?

10. Wat zou er gebeuren als de hoofdpersoon niet naar de kapper zou gaan?

Parken

Solen höll på att gå ner och parken var tom. Jag satt på bänken och väntade på min **vän**. Vi hade planerat att träffas här för en timme sedan, men hon var alltid sen. Precis när jag höll på att ge upp och gå hem såg jag henne springa mot mig. "Jag är så ledsen", flämtade hon när hon kom fram till bänken. "Mitt tåg blev **försenat.**" "Det är okej", sa jag **förlåtande**. "Jag kom precis hit själv." Vi satte oss ner och pratade en stund och berättade om varandras liv sedan vi träffades senast. Samtalet flöt **lätt** och det kändes som om det inte hade gått någon tid alls sedan vi sågs senast. När solen gick ner tog vi farväl och gick skilda vägar. Nästa gång vi träffades var det i en annan park. Återigen var hon sen, men det gjorde inget. Det var skönt att ha någon att prata med som **förstod** mig. Vi pratade om våra drömmar och **ambitioner,** saker vi ville göra med våra liv. Hon berättade om sina planer på att resa runt i världen, och jag delade med mig av min dröm om att bli författare. När solen gick ner på en annan dag tog vi farväl ännu en gång och lovade att hålla kontakten den här gången.

Åren gick, och vår **vänskap** förblev stark även om vi nu bodde i olika delar av landet. Vi höll kontakten genom brev och tillfälliga telefonsamtal och delade

Het park

De zon ging onder, en het park was leeg. Ik zat op het bankje te wachten op mijn **vriendin**. We hadden hier al een uur geleden afgesproken, maar ze was altijd te laat. Net toen ik het wilde opgeven en naar huis wilde gaan, zag ik haar naar me toe rennen. "Het spijt me zo," hijgde ze toen ze de bank bereikte. "Mijn trein **had vertraging**." "Het is goed," zei ik **vergevingsgezind**. "Ik ben hier net zelf." We gingen zitten en praatten een poosje, praatten bij over elkaars leven sinds we elkaar voor het laatst zagen. Het gesprek verliep **vlot**, en het leek alsof er helemaal geen tijd was verstreken sinds we elkaar voor het laatst hadden gezien. Toen de zon onderging, namen we afscheid en gingen onze eigen weg. De volgende keer dat we elkaar zagen, was in een ander park. Weer was ze te laat, maar dat vond ik niet erg. Het was fijn om iemand te hebben om mee te praten die me **begreep**. We spraken over onze dromen en **aspiraties**, dingen die we wilden doen met ons leven. Zij vertelde me over haar plannen om de wereld rond te reizen, en ik deelde mijn droom om schrijfster te worden. Toen de zon weer onderging, namen we afscheid van elkaar en beloofden we elkaar dit keer te blijven zien.

Jaren gingen voorbij, en onze **vriendschap** bleef sterk,

nyheter från våra liv med varandra. När hon meddelade att hon skulle gifta sig blev jag inte **förvånad** - hon hade alltid varit den **äventyrliga** typen. Men när hon frågade mig om jag ville vara hennes hedersbrudtärna vid hennes bröllopsceremoni som ägde rum på andra sidan jordklotet från där jag bodde... det krävdes en del övertalning! I slutändan kunde jag dock inte låta min bästa väninna gifta sig utan mig vid hennes sida, så trots mina farhågor (och efter mycket bön från henne!) **gick** jag **med på** att följa med på vad som visade sig bli sitt livs **äventyr.**

Bröllopsdagen kom äntligen. Jag var nervös, men glad över att få vara en del av ett så viktigt ögonblick i min väns liv. Ceremonin var vacker och hon såg lycklig ut när hon avgav sina löften. **Efteråt** firade vi med en stor fest - det verkade som om alla hon kände hade kommit för att fira med henne! Det var en **magisk** dag som jag aldrig kommer att glömma, och vår vänskap blev bara starkare efter detta äventyr. Nu, flera år senare, håller vi fortfarande kontakten. Vi har båda **förändrats** mycket sedan vi träffades första gången, men vår vänskap är lika stark som någonsin.

ook al woonden we nu in verschillende delen van het land. We hielden contact door middel van brieven en af en toe telefoontjes, waarbij we nieuws over ons leven met elkaar deelden. Toen ze aankondigde dat ze ging trouwen, was ik niet **verbaasd** - ze was altijd al een **avontuurlijk** type geweest. Maar toen ze me vroeg of ik haar bruidsmeisje wilde zijn op haar huwelijksceremonie, dat halverwege de wereld zou plaatsvinden, van waar ik woonde... daar was wel wat overtuigingskracht voor nodig! Maar uiteindelijk kon ik mijn beste vriendin niet laten trouwen zonder mij aan haar zijde, dus ondanks mijn angsten (en na veel smeken van haar!) **stemde** ik ermee in om mee te gaan op wat het **avontuur** van mijn leven bleek te zijn.

De dag van de **bruiloft was** eindelijk aangebroken. Ik was nerveus, maar opgewonden om deel uit te maken van zo'n belangrijk moment in het leven van mijn vriendin. De ceremonie was prachtig, en ze zag er gelukkig uit toen ze haar geloften aflegde. **Daarna** vierden we het met een groot feest - het leek wel of iedereen die ze kende was gekomen om het met haar te vieren! Het was een **magische** dag die ik nooit zal vergeten, en onze vriendschap is na dat avontuur alleen maar sterker geworden. Nu, jaren later, houden we nog steeds contact. We zijn allebei veel **veranderd** sinds we elkaar voor het eerst ontmoetten, maar onze vriendschap is nog even sterk als altijd.

Frågor om förståelse

1. Var träffades författaren och hennes vän första gången?

2. Varför var författarens vän sen till mötet?

3. Vad pratade vännerna om när de träffades igen flera år senare?

4. Hur kändes det för författaren att delta i sin väns bröllopsceremoni?

5. Beskriv hur bröllopsceremonin går till.

6. Hur har vänskapen mellan de två kvinnorna förändrats med tiden?

7. Vad är författarens dröm?

8. Vart planerar författarens vän att resa?

9. Varför tvekade författaren att delta i sin väns bröllopsceremoni?

Begrip vragen

1. Waar hebben de auteur en haar vriendin elkaar voor het eerst ontmoet?

2. Waarom was de vriend van de auteur te laat op hun afspraak?

3. Waar hadden de vrienden het over toen ze elkaar jaren later weer ontmoetten?

4. Hoe vond de schrijfster het om de huwelijksceremonie van haar vriendin bij te wonen?

5. Beschrijf de omgeving van de huwelijksceremonie.

6. Hoe is de vriendschap tussen de twee vrouwen in de loop der tijd veranderd?

7. Wat is de droom van de auteur?

8. Waar is de vriend van de schrijver van plan heen te reizen?

9. Waarom aarzelde de schrijfster om de huwelijksceremonie van haar vriendin bij te wonen?